その「ひと言」でチームが変わる

Feedback

One Word that will change your team

最高のフィードバック

國武大紀
Daiki Kunitake

大和書房

はじめに

次の「2つの文章」を比べてみてください。

A「どうして、そんなこともわからないの？」

B「どこがわからないのか、教えてくれる？」

実はこの文章、両方とも上司からのフィードバックです。部下が仕事でわからないことがあり、上司に相談したのです。

言い方にもよりますが、AとBでは部下の受け取り方は全く異なります。

Aは完全な「ダメ出し」です。心が折れてしまうパターンです。今後、上司に相談しようとは思わなくなり、部下との距離も遠ざかってしまいます。

対してBの場合は、部下は安心して上司に相談することができます。もし何かに失敗したとしても、「フィードバックを受けよう」と前向きになりやすいのです。

Aは人をダメにしますが、Bは人を成長させます。

同じ状況であっても、フィードバックの仕方によって雲泥の差があるのです。

私が大学を卒業して間もない銀行員時代の頃の話です。

当時、業務の振り返りだけでなく、日々の勉強のことなどを業務日誌に毎日書いて、上司からフィードバックをもらうのがルーティンになっていました。

上司は私の業務日誌を見て、毎日のようにフィードバックをするのですが、具体的なアドバイスは一切なく、

「どうして、これぐらいのことができないんだ?」

と一言で終わるのです。まさにAのダメ出しのフィードバック。

私の心は何度もへし折られました。その上司からは「部下を成長させよう」という姿勢は感じられませんでした。それからの私は仕事へのやる気も失せて、義務感だけで働き続けるといった状態でした。

「ここに長くいても、自分は成長できない」と思った私は、１年後、銀行を退職したのです。

私は現在、エグゼクティブ・コーチとして、経営者やビジネスパーソンの目標達成や自己実現を支援したり、人の可能性を引き出したりする仕事をしています。

大学卒業後は、都市銀行、ＪＩＣＡ（国際協力機構）、外務省（ＯＥＣＤ日本政府代表部一等書記官）などを経て独立。その後、多くの管理職や人事の方々から部下育成や組織活性化などの相談を受けてきました。

そこで気がついたのは、リーダーの方々の大半が、何も知らずに、経験則だけに頼って部下にフィードバックをしているということでした。

不適切なフィードバックをしてしまい、部下が自信をなくす、あるいは転職してしまう、などといった事態が日常茶飯事のように起こっていたのです。

なぜこんなことが起きるのかといえば、フィードバックを「指導」とか「改善命令」のようにとらえ、結果的に「ダメ出し」になってしまっている場合が多いからです。

さらに根本的な問題は、フィードバックは、実はコーチングの一部分なのですが、そのことを知らず、「傾聴」、「質問」、「ラポール」といった極めて大切なコミュニケーションの土台がない状態でフィードバックだけを切り出して行っていたことでした。

そこで、上司の立場にある管理職の方にコーチングを身につけてもらうと、フィードバックの質が激変し、大抵の方が部下の育成に自信をもてるようになるのです。

では「コーチングさえ身につければ、フィードバックは全て上手くいくのか？」と言えばそうではありません。

フィードバックの効果を最大化するには、ある「法則」に従う必要があります。

それが本書でお伝えする「成長の法則」、「関係性の法則」、「感情の法則」、「環境の法則」という４つの法則です。

・成長の法則（自己実現、主体性の発揮、キャパシティーの拡大、挑戦など）
・関係性の法則（相手理解、人にフォーカス、任せる勇気、相手の幸せを願うなど）
・感情の法則（心の内側に働きかける、心にスペースをつくる、未来志向など）
・環境の法則（ビジョンの創造、空気に支配されない、リーダーを育てる環境など）

これらの法則は、表面的なスキルやテクニックではなく、人に勇気や力を与え、人を成長させるための「本質的な原理」に基づいています。この本質的な原理なしにフィードバックは機能しません。

フィードバックは、型や方法論にこだわるよりも、本質的な原理、たとえば部下の成長を応援する姿勢や、部下の幸せを願う気持ちのほうがはるかに大切なのです。

万有引力の法則やパレートの法則のように、あらゆる物事には「法則」があります。フィードバックも同様、法則に従って行うことにより、その効果を最大限に発揮させることができるのです。

変化の激しい時代における部下の育て方

我々は今、変化の激しい、複雑で不確実な先の見えない時代を生きています。一昔前は、年功序列の終身雇用という「安定」がある程度、保証された時代でしたが、今は明らかに違います。

大企業でも舵取りを誤れば、すぐに倒産してしまう変化の激しい時代。

そんな時代で生き残るためには、もはや転職は当たり前なのです。人材の流動化はますます進んでいて、人材を活かすことができなければ、どんどん流出していきます。

若者の労働に対する価値観も大きく変化しています。

衣食住が満たされた物質的に豊かな今の時代は、会社のために「自己犠牲」して働くというよりも、仕事に対する「やりがい」や「ワークライフバランス」を大切にする「自己実現」に働く目的が変化してきています。

このような状況を反映してか、日本政府は2019年、「働き方改革」を大きな政策方針として打ち出しました。働き方改革とは、「働く人々が、個々の事情に応じた多様で柔軟な働き方を、自分で選択できるようにするための改革」と定義されており、これまでの会社中心の考え方とは明らかに一線を画するものです。

会社のために働くという「会社中心」の働き方が、「人」を中心とした働き方へ移行し、このパラダイムシフトが国家レベルでも起ころうとしているのです。

「あなたは我が社の社員なのだから、我が社の言うことに従いなさい」

というような会社中心の狭い発想では、社員は育たないのです。

そのためにも、上司は部下一人ひとりのことをよく理解して、部下が伸び伸びと成長できるようにサポートしていくことが大切です。そして、それを可能にするのが、本書でお伝えする「フィードバック」という手法です。

本書では、日頃、多くの上司が悩んでいる事例なども取り上げながら、具体的なフィードバックの方法をお伝えしています。たとえば、

- ✓部下が指示待ちばかりで自分から行動しない
- ✓部下に仕事を任せられない
- ✓部下が失敗を恐れてチャレンジしたがらない
- ✓部下が管理職になりたがらない
- ✓部下をどう成長させたらいいのかわからない

などのテーマを取り上げ、現場ですぐに使えるようなノウハウをお伝えしています。

「フィードバック」という一見シンプルにも思える行為が、いかに奥が深く、人を動かし、人を成長させるほどのパワーを持っているか、その神髄を学んで頂けるものと確信しています。

上司が部下に与える影響力は、あなたが考えている以上に極めて大きいものです。もし、あなたが部下の成長を願うのであれば、普段、部下に投げかけている言葉の一つひとつを振り返ってみてください。

部下にとっては、上司であるあなたからのフィードバックが大きな頼りなのです。部下を勇気づけ、成長させられるかは、あなたのフィードバック次第なのです。

本書を手にされたリーダーの方々が、「本質的なフィードバック」を身につけて、将来を担う部下の成長に貢献されるとしたら、これ以上嬉しいことはありません。

國武大紀

『その「ひと言」でチームが変わる　最高のフィードバック』目次

序章

なぜ「たったひと言」で組織が変わるのか？

第1章 部下の「可動域」を広げよ

——成長の法則——

第2章 チームの「心の壁」を壊せ

——関係性の法則——

第3章
「ロジカル上司」に部下がついてこない理由
――感情の法則――

第4章 「最高の職場」をつくる方法

——環境の法則——

序　章

なぜ「たったひと言」で組織が変わるのか？

フィードバックの実践編に入る前に、知っておいてほしいことがあります。

それは「そもそも、なぜフィードバックが必要なのか？」ということ。

本書では、シーンに応じた様々な具体的な実例を紹介しています。

しかし、その力を発揮するためには、
「フィードバックの意義」についての理解が必要不可欠。

上っ面だけの言葉では、むしろ逆効果になってしまいます。

この序章は、フィードバックを実践する上の「土台」となる章です。

「会社のために」では、部下はついてこない

「給料は我慢料だ！」

こんなセリフを言われたことはないでしょうか。

私はあります。社会に出て、とある大手銀行で働いていたときのことです。

当時は、滅私奉公（自分を滅して、会社のために命を捧げる）が美徳とされ、自己を犠牲にして「会社のため」にどれだけ頑張ったかで評価されていました。

自分を押し殺し、無理して頑張った結果、私は心身を壊しました。やる気は失せる。

仕事でミスをする。脱毛症になり、胃痛で毎日胃薬を飲んでいました。最後にはストレスで倒れ、人生ではじめて救急車で運ばれました。

誰しも不幸になりたくて働いているのではありません。しかし、現実を見ていると、思い描いた幸せなワークライフとはかけ離れた状態の人が大勢います。

自分らしさを発揮できて、やりがいも感じられるような「自己実現」できる会社というのは理想でしかなく、実際は会社のために働くことを半ば強要されてしまう。こんなことが繰り返されると、これからの将来を担うはずの若手部下はどんどん会社から離れていきます。仮に離れなかったとしても、部下の能力を発揮させることは極めて難しいでしょう。

だからこそ、**「部下に自己実現をさせながら、会社も成長させていく」**ことが大切です。

もちろん、何でもかんでも部下の好き放題にさせるということではありません。

やや極端な例えかもしれませんが、伝統ある和菓子屋に勤めていながら、「自分は洋菓子が作りたい」と言っても、「なんでうちに来たんだ?」と困惑されるだけです。

ですので、部下の自己実現というのは、会社の目指す方向性（ビジョンや目標）と一致している必要があります。

このようにお伝えすると、「部下の自己実現を支援しながら、会社を成長させるなんて本当にできるのか？」と思われる方も多いことでしょう。

結論から言えば、それは「可能」です。

そのためには、まず上司が**部下をよく理解すること**が大切です。

「理解する」とは「部下が何に価値を感じるのか」「働くうえで大切にしたいことは何か」を知ることです。

冷静に考えればわかることですが、自分がやる仕事に対して「価値」を見出していなければ、「やりがい」も「やる気」も感じることはできません。

ここで注意していただきたいのは、部下の仕事に対する好き嫌いを聞けばいい、ということではありません。仮に、部下が今の仕事が好きではなかったとしても、その仕事に価値を見出すようにマネジメントすることは可能です。

仕事に対して自分なりの価値を見出すことができたら、部下は「やりがい」を感じて意欲的に仕事をするようになります。

そのような状態を、上司が部下とのコミュニケーションを通じて作り出していくのです。

それが、本書で扱う「フィードバック」です。

フィードバックの主たる目的は**「相手をよく理解して、相手を成長させる」**ことにあります。会社の都合のいいように成長させるのではなく、部下のことをよく理解して、部下が自己実現できるように成長を支援するのです。

部下の「自己実現」が組織を成長させる

ではなぜ、ここまで自己実現にこだわるのか？

ハーバード大学ビジネススクールのテレサ・アマビール教授らの35年にも及ぶ研究の結果、「部下やチームにとってやりがいのある仕事が少しでも進むように支援することが、個人と組織の創造性や生産性を高めるのに最も効果的である」ことがわかったのです。

さらに、職場における「個人の満足度が高いことが組織の成功につながる」ことも報告されています。

つまり、**自己実現のコアである「やりがい」のある仕事が進むように部下を支援し、部下の仕事に対する満足度を高めるほど、会社も発展していく**のです。

そもそも、会社という組織は一人ひとりの個の集まりです。個の成長が組織の成長につながるのは自明の理なのです。

では、ここで「成長とは何か？」を考えてみましょう。

つい先日のことですが、私が主催しているコーチング講座で「人生や仕事において大切にしていることは何か？」についてじっくりと考えてもらう機会がありました。その際、参加されていた某企業の人事担当の方がこんなことを話してくれました。

「私達はこれまで、社員にこんなふうに成長してほしいと、会社側の都合を押し付けていたことに気づきました。

社員一人ひとりの『自分はどう成長したいのか？』という視点が欠けていたのです。

働くというのは、単なる労働時間の切り出しではなく、自分の価値観や自分らしさを追求していく中で、何が社会に提供できるのか、ということなのではないかと」

利益や生産性を追い求め過ぎるがあまり、会社は人を人としてではなく、組織の歯車（機械的な存在）として扱ってきた。組織優先の会社経営が個の成長や可能性を奪ってきた、と人事を長年担当してきた彼は悟ったのです。

「成長」とは会社都合の成長ではなく、社員一人ひとりの自己実現そのものなのです。

「未知のやりがい」を引き出すマネジメント

さて、ここまでお読みいただいて、

「部下の自己実現が重要だという理屈はなんとなくわかったけど、たとえば、本人が希望しない部署に異動させなければならない場合はどうするのか？」

といった疑問を抱く人はいるかもしれません。

ここで、とある面白い研究結果を紹介しましょう。

インドのラージャスターン大学が「恋愛結婚」と「お見合い結婚」の満足度について比較しました。

その結果、結婚1年以内では恋愛結婚のほうが満足度が高かったのですが（恋愛結婚は70点、お見合い結婚は58点）、長期的な満足度では、お見合い結婚のほうが高い数字が出たのです（恋愛結婚は40点、お見合い結婚は68点）。

「夫婦の愛は最初から存在する（恋愛結婚）」という考え方と、「夫婦の愛は徐々に育まれていく（お見合い結婚）」という考え方の違いが表れたのではないか、とのこと。

この逆転現象は、仕事でも同じ捉え方ができます。

仕事のやりがいは「最初から存在する」もしくは「徐々に育んでいく」という2つの考え方です。

最初から仕事にやりがいを感じられたとしても、慣れるにつれて満足度が下がる可能性があります。反対に、最初はやりがいを感じられなくても、徐々にやりがいを見出して満足度が上がってくる可能性は十分にあり得ます。

つまり、希望しない部署に異動させられたからといって、仕事にやりがいを見出すことができない、ということにはなりません。

もちろん、最初は、希望しない部署での仕事にやりがいを見出すのは難しいでしょう。そんなときこそ、上司によるフィードバックが大切なのです。

部下が仕事で大切にしたいこと（価値観）は何なのか？

そのことを理解して、部下が成長できるように支援する。希望どおりでなくとも、今まで気づかなかった新しいやりがいを見出した時にこそ、部下は大きく成長を遂げていきます。

かくいう私も、まったく希望していない部署に異動させられた経験が度々ありました。

ＪＩＣＡでは、事業部を希望していたにもかかわらず、官房部署の総務部や企画部などに異動させられたことが3度もあります。

ですが、上司のフィードバックによって、官房系の仕事のやりがいや重要性について理解が深まりました。その結果、組織全体を見渡すことができ、経営的センスが身についたり、マネジメント能力が高まるなど、自分の可能性がさらに広がっていったのです。

「既知」のやりがいは、自分の知る範囲でしかなく、期待値を超えることはありませんでした。他方で「未知」のやりがいは自分の想像の枠を超えて、「自己実現している！」という実感値を高めてくれたのです。

未知のやりがいは、既知のやりがいを超えるのです。

「会社のために」と言われても、頑張れないのはある意味当然です。

滅私奉公で頑張るには限界があります。会社都合の短期的視野で部下を働かせることは失策でしかありません。

部下の自己実現を支援することが、部下の能力やパフォーマンスを高め、成長を促し、そしてそれが会社の成長にも直結するのです。

「変化に強い組織」のつくりかた

私が外交官としてフランスに駐在していたときの話です。

自己紹介の際、日本人とフランス人とでは顕著な違いがあると知りました。日本人はほとんどの場合、「〇〇社の田中と申します」と所属組織名で自己紹介するのに対し、フランス人は「システムエンジニアです」と職種で自己紹介することが多いのです。

長年フランスに駐在している知人にこの話をしたら、フランス人は、自分が所属している会社ではなく、自分のやりたいことやできることを常に考える傾向が強いとのこと。

一昔前は、自分が何をやりたいかよりも、どの企業で働けるかが重要でした。年功序列の終身雇用が当たり前。転職すると不利。起業や副業は例外中の例外でした。

今は明らかに違います。転職は当たり前。より自分に合った職場があれば、転職を重ねてどんどんキャリアアップしていく。さらに理想を追い求める人は、独立起業していきます。

いわゆる人材の流動化に伴い、雇う側の企業にとっては、優秀な人材を確保しやすくなるというメリットがある反面、人材を活かすことができなければ、どんどん流出していくのです。

「あなたはA社の社員なのだから、A社の言うことに従いなさい」という狭い発想では社員はついてこない。会社中心の考え方では、時代に取り残されるのです。

こうした背景の一つには、**若者の労働に対する価値観の変化**があります。

戦後の何もなかった時代は、衣食住といった物欲を満たし、国の制度や社会基盤を整えることが何よりも重要でした。

しかし、物質的に恵まれた今の世代は、国や社会のために自己を犠牲にして働くというよりも、**自分のやりたいことや個性を活かせる「自己実現」のほうに働く目的が**

変化しています。

もちろん、若者全員がそういうわけではありませんが、若手世代の労働に対する価値観が変化していることを、上司は認識しなければなりません。

フェイスブックのＣＥＯであるマーク・ザッカーバーグ氏は「世界一プアなお金持ち」と言われているのをご存じでしょうか？

何兆円もの資産を持つ大富豪でありながら、普段着はジーパンとＴシャツ、車は庶民的であるなど、質素な生活をしています。

また、娘が生まれたのを契機に、プリシラ・チャン夫人と保有する資産の99％を寄付すると発表しました（当時の相場で5・5兆円！）。彼はまさに、「物欲」よりも、「やりがい」を大切にする世代の代表のような存在でしょう。

また、労働に対する価値観が変化したことに加え、**働き方にも大きな変化**が起こっています。政府が1億総活躍社会の実現を掲げ、２０１９年に「働き方改革」を打ち出したことは記憶に新しいでしょう。

働き方改革とは、**「働く人々が、個々の事情に応じた多様で柔軟な働き方を、自分**

で選択できるようにするための改革」と定義されています。

このような概念は、これまでの会社中心の考え方にはなかった発想です。

背景には、少子高齢化に伴う生産年齢人口の減少や、働くスタイルの多様化への対応が急務であることが挙げられるでしょう。

個々の事情に応じて働き方を選択できる。それにより、社員の満足度アップや労働生産性の向上につなげていく。待ったなしの状況に、政府は大胆な改革に乗り出したのです。

会社中心の考え方からすれば、「働き方は、会社の都合に合わせてくれ！」と言いたくなるところでしょう。

しかし、これからの時代はそうはいかないことを理解すべきです。

「人中心」でなければ、生き残れない

「会社中心」という考え方の**最大の落とし穴は、柔軟性を失うこと**です。

柔軟性を失えば、変化に適応することが困難になります。進化論を提唱したダー

ウィンが言ったように、**強いものが生き残るのではなく、環境変化に適応したものが生き残る**ということです。適者生存（survival for the fittest）です。

「変化への適応」は極めて重要です。

ＩＴや人工知能の発達により、変化のスピードは以前とは比べものにならないくらい加速し、市場ニーズも多様化しています。いち早くニーズの変化を捉え、そのニーズに応えることができないと生き残れません。

一説によれば、日本企業とシリコンバレーの企業とでは、決断と行動のスピードに１００倍の差があるといいます。

日本企業が一つの完璧なプロダクトを世に送り出している間、シリコンバレーの企業は20%程度の完成度のモノを５つ出して、ヒットしたものだけを改善して売りさばくと言われるほど、決断と行動のスピードが速いのです。

たとえれば、時速３キロのカメと時速３００キロのＦ１ほどの差があるということ。致命的な差です。

柔軟性を持たない会社中心の考え方は、時速３キロのカメと同じ。ビジネスの世界は「うさぎとかめ」の童話とは違います。変化のスピードについていけないと確実に衰退します。

今、将来を担う若者の労働観は確実に変化しています。

会社を動かしている経営層や中間管理職の世代の価値観とは大きく異なります。

その変化にどれだけ機敏に対応して、若い世代の人材を活かしていくか？

これからは、会社中心の考え方から、**人を中心とする考え方**にシフトしていくべきです。

人を中心とする考え方とは、人を大切にするという考え方です。

人を大切にするとは、人を理解するということ。

その人がどのような可能性をもっているのか？　何にやりがいを感じるのか？

それを深く知ることです。

会社中心の考え方で「こうするべき」を押し付けるのではなく、社員の個性や可能性を引き出しながら、いかに成長させていくか。

そのために、フィードバックというコミュニケーションが必要になってくるのです。

「やらせる」のではなく、「やりたい」状態をつくる

中国に古くから伝わる諺があります。

鳥には空気が見えない。魚には水が見えない。そして、人間には自分が見えない。

グーグルの元ＣＥＯエリック・シュミット氏、マイクロソフトの共同創業者ビル・ゲイツ氏、フェイスブックの創業者マーク・ザッカーバーグ氏、ＧＥの元ＣＥＯジャック・ウェルチ氏などといった超一流のビジネスパーソンがわざわざコーチを雇い、コーチからフィードバックをもらうのは、なぜでしょうか？

その理由は、**自分では自分のことは見えないこと**を理解しているからです。

鏡を見なければ、自分が今、どんな顔をしているかわかりませんよね？

同じように、どんなに凄い人であっても、自分の背中を見ることはできません。

一流のビジネスパーソンであるほど、そのことを理解しています。

なので、自分の見えない部分を知り、自分をさらに高めるため、第三者からのフィードバックを欲しがります。

彼ら彼女らは、自分が見えていない部分を映し出してくれる鏡のような存在を大切にしているのです。

自分には見えないけれど、自分以外の人には見えることを「盲点」といいますが、

これは対処するのが非常に難しい。

盲点は、第三者からのフィードバックでしか発見できません。

また、第三者からの指摘によって、自分の長所や才能に気がつくことがあります。

それが大きな成長のきっかけになることもあります。

それゆえ、フィードバックは、特に人材育成の場面でその威力を発揮します。

フィードバックは「ダメ出し」ではない

これまで、フィードバックの具体的な内容について触れてきませんでしたが、ここから少しずつお伝えしていきます。

フィードバック（feedback）とは、もともとは工学系の用語であり、「フィード（feed）＝送る」と「バック（back）＝戻る」で「帰還」という意味です。

ビジネスシーンで用いられるフィードバックの定義は明確ではないですが、「アドバイス」、「説教」、あるいは「ダメ出し」など、人事においては「評価」や「改善事項」のことを指す場合もあります。

とかく日本人は、フィードバックと聞くと、ダメ出しのようなネガティブなイメージを感じてしまう人が多いようです。

今や世界一の資産家（19兆円、２０２１年1月時点）で、スペースXやテスラを率いるイーロン・マスク氏。そんな彼は**「フィードバックはビジネスの成功に不可欠であり、原動力である」**と、その重要性を指摘しています。

世界的なビジネス誌『ハーバード・ビジネス・レビュー』(2016年)によると、米国における大企業の10～15%がパフォーマンス評価を廃止し、インフォーマルなフィードバックを頻繁に行っているだけの企業も増加しているとのこと。

その理由の一つは、パフォーマンス評価に多大な時間と労力がかかること。他方で、フィードバックが人材育成にポジティブな影響を与えていることも理由に挙げられています。

このように最近では、フィードバックの有効性に注目が集まってきていて、とりわけ人材育成の場面でフィードバックを活用する組織が増えてきています。

「考えさせる選択肢」を与える

子どもの頃、宿題をやろうと思っていたのに、「宿題をしなさい!」と親から命令されたことで一気にやる気を失った経験はないでしょうか?

人は、自分の行動を他人に決められると、「選択の自由」が奪われたと感じます。

そして、「やれ」と言われた行動をやりたくなくなります。これを**「心理的リアクタ**

ンス」と言います。

リアクタンスは「抵抗」を意味します。無理やり行動させても、パフォーマンスは上がらないどころか、心理的リアクタンスによって行動する気すら起こりません。鍵は、「やらせる」のではなく、「やりたい」状態をつくることです。**自ら行動を起こせるための「主体性」を発揮させる**のです。

人は生まれながらにして「自分の行動を自分で選択したい」という欲求を持っています。

専門用語では、自己決定感などといわれますが、自己決定感は、仕事のパフォーマンスにも大きな影響を与えます。

玉川大学の松元健二教授の研究によれば、「なにかの物事にチャレンジするとき、自己決定感が強い状態だと、失敗を成功の糧に変えられるのに対して、自己決定感が低い場合には、失敗がネガティブに意味づけされる」とのこと。

部下の「やりたい」という状態をつくるには、指示命令的なフィードバックはしないことです。

×「指示どおりに、とにかく仕事をやり遂げてください」

この言い回しは、指示する上司も、指示された部下も、考えずに済むので楽かもしれません。ですが、部下は自分の行動を自分で選択できないので、受け身の姿勢となります。また、考えないで言われたとおりのことだけをやるのは、成長の機会を失っているに等しい。

○「君なら、どうやってこの仕事をやり遂げますか？」

部下は考えます。何がベストな方法か？　どうすれば時間内に成果をだせるか？
指示もせず、答えも与えず、部下に考えさせる。
主体性を発揮させるとは、こういうことです。
部下を成長させる鍵は、**考えさせる選択肢を与える**ということなのです。

フィードバックを機能させる「5つの原則」

フィードバックが効果を発揮するための原則についてお話しします。

先日、とある企業の若手リーダーの方からこんな相談を受けました。

「転職することが珍しくなくなった今、少しでも厳しく指導したら、部下が会社を辞めてしまうのではないかと考えて、指導を躊躇するリーダーが増えているように感じます。どうしたらいいんでしょうね……」

部下が転職することを恐れて、機嫌を取ったり、優しくしすぎる上司は多いものです。その結果、部下を甘やかして成長を妨げてしまうことがままあります。

部下を育てるには、色々と判断に迷ったり、悩んだりすることも多いでしょう。そんなときは「原則」に従って対応するのが正解です。

リンゴは高いところから低いところへ落ちます。その逆は地球上ではあり得ません（万有引力の法則）。パレートの法則（2対8の法則）なども有名ですね。

科学的根拠のある物理法則と異なり、仕事上の原則には例外もありますが、まず「指針」とすべきであることは間違いありません。迷ったときは、原則に従って行動するのが最良の選択なのです。

では、フィードバックが機能する最初の原則についてお伝えします。

■【第1の原則】セキュアベースをつくる

セキュアベースとは、安心安全な（セキュア）基地（ベース）のことです。

近年、「心理的安全性」が仕事の生産性を上げる重要な鍵として注目を集めていますが、セキュアベースとほぼ同じ意味と理解していただいて大丈夫です。

要するに「他人の反応に怯えたり、不安や恥ずかしさを感じることなく、自然体の

ラポールとコミュニケーションの影響力との関係性

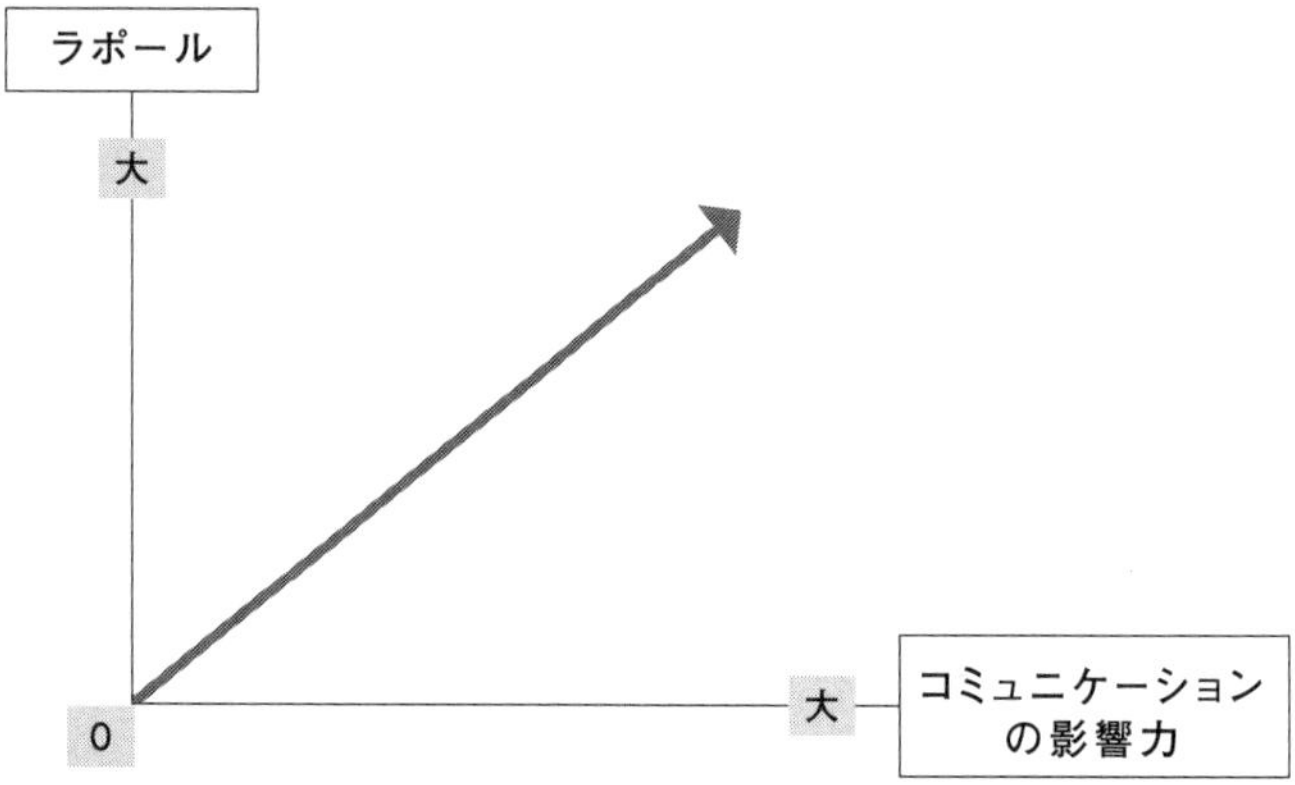

筆者作成

自分をさらけ出すことのできる環境（場）」のことです。

セキュアベースをつくるうえで最も重要なことは、「**ラポール**」です。ラポールとは、フランス語で「架け橋」を意味します。心と心がお互いに通じ合い、安心安全な信頼関係ができている状態のことを言います。

お互いに初めて会った人のことを容易に信頼することはできませんが、お互いのことを徐々に理解できるようになると、信頼し合えるようになります。

つまり、お互いの理解が深まれば深まるほど、ラポールは強くなります。

さらに重要なことは、**人はラポールの**

度合いに応じたコミュニケーションしかできないということです。ラポールの度合いとコミュニケーションの影響力は正比例の関係にあります。

部下とのラポールが深ければ深いほど、上司の言葉は部下に対して強い影響力を与えます。信頼できる上司とそうでない上司が同じ言葉を発した場合、どちらの言葉がより強い影響を与えるかは言うまでもありません。

それゆえ、ラポールというのは、フィードバックにおいても極めて重要な鍵となります。

ラポールは、セキュアベースをつくるうえで最も大切な要素であることはお伝えしたとおりですが、次に大切なのは、「相手をありのまま受け入れる」ということです。

人はジャッジ（評価判断）されることを恐れます。人前で話すのが苦手な人が多いのは、大勢の人からジャッジされるからです。セキュアベースをつくるには、相手をジャッジしないで、ありのままを受け入れてあげることが大切です。

人はありのままを受け入れてもらったときに、相手に対して心を開放します。

相手の話を一方的に解釈（ジャッジ）しないこと。たとえあなたの解釈が正しいと思っても、それを手放して、相手に意識を向けて相手の立場で傾聴してあげることです。

部下に安心して話をしてもらうためにも、できるだけ解釈を挟まずにありのままを聴いてあげましょう。

■【第2の原則】相手の可能性を信じる

私が学んだコーチングの基本原則に「人は生まれながらに創造的で欠けていることのない完全な存在である」という考え方があります。

人の可能性を最大限に引き出すためには、「人には無限の可能性がある」と**相手の可能性を信じる**ことが最も大事なのです。

この「**信じる**」という行為には、実はもの凄いパワーが秘められています。

偽の薬を本物の薬だと言って患者に投与すると、ある程度の割合で病気が治ることが証明されています。「プラシーボ効果」といいますが、信じることのパワーを示す事例の一つです。

そもそも、信じることができなければ、何事も起こすことはできません。

自社の商品を信じていなければ、その商品をお客様に売ることはできないでしょう。**信じるからこそ、0が1に変わるのです。**上司が部下の可能性を信じることができなければ、部下の可能性を引き出すことはできません。

■【第3の原則】結果よりもプロセスを重視する

フィードバックの効果を高める上で大切なことは、「結果よりもプロセスを重視する」ことです。

こんなことを言うと、「いや、ビジネスでは結果が全てでしょう？」と反論される方もいます。もちろん、ビジネスでは結果はとても重要です。だからこそ、結果よりもプロセスを重視することが、結果を出すうえで鍵となるのです。

どういうことでしょうか？

結果を生み出すのは、プロセスだからです。ビジネスにおいて重要なことは、成功確率を高めるための「正しいプロセス」を踏めるかどうかです。間違ったプロセスでは、予期した結果を得ることはできません。

ここで注意すべきは、常に１００％正しいプロセスは存在しないということ。

正しいプロセスでなくても、たまたま運良く結果が出てしまったというケースはあります。あるいは、本来支払うべき環境配慮のコストをかけずに売上目標を達成した場合はどうでしょう？（社会的制裁を受けるでしょう）

それゆえ、結果だけにフォーカスしてしまうと、間違ったプロセスを正しいと思い込み、結果的に会社に損失を与えてしまう可能性があります。

そもそも、**結果は変えることができませんが、プロセス（行動）は変えることができます。**

だからこそ、プロセスに着目してフィードバックする。

プロセスは常に改善することができるのです。

ビジネスにおいて結果は重要だからこそ、結果につながるプロセスを改善し続ける。

上司は部下の結果を見てフィードバックするのではなく、プロセスにフォーカスすることが極めて大切なのです。

■【第４の原則】アドバイスはしない

「フィードバックって、要するにアドバイスでしょう？」

このように思われる方が多いかもしれません。

部下の立場からしても、アドバイスがなければ、フィードバックを受けたことにならないと思っている人が多いのは事実です。

私はアドバイスそのものを否定するつもりはありません。状況によっては、アドバイスが有効なこともあるでしょう。

他方、お伝えしたようにフィードバックの効果を高めるには、「今後の改善や成長につながるための**行動を自ら起こせるようになる**」ことです。

すなわち「主体性を発揮させる」ということです。

では、どうすればよいのか？

上司は部下に対して安易にアドバイスをしない、教えないということです。

教えないでどうやって部下を育てるのか？　それは**部下に質問を投げかけて、考えさせる**のです。途中で話を遮ったり、ジャッジしてはいけません。セキュアベースが壊れます。

部下の考えを聞いて、仮にその考えが正しくないと思ったら、「その考え方は間違っているよ」とアドバイスするのではなく、「なぜ、その考え方が正しいと思うのか」について見守る感じで丁寧に聞いてあげるのです。

このプロセスを何度か繰り返していくと、部下は話しているうちに、自らの矛盾点に気がついたり、考察が足りなかったことを理解できるようになります。

はじめは少し面倒に感じるかもしれませんが、すぐにアドバイスして答えを与える育て方では、部下は自ら考えるようになりません。

上司のアドバイスどおりに動けばいいと思って、受け身で消極的な指示待ち社員になる可能性があります。

「ローマは一日にして成らず」

部下の育成は、長期的視点で行うことが何より大切なのです。

■【第5の原則】わかったと思ったら終わり

「君が言おうとしていることくらい、聞かなくてもわかる」

私が会社組織に勤めていた頃、某上司に言い放たれた言葉は今でも忘れません。私が説明しはじめて、5秒も経たないうちに私の話を遮って、とうとうと持論を展開し始めたのです。

その上司は、某省庁からのエリート出向者でしたが、往々にして頭が切れる上司や仕事ができる上司に限って、部下の話を聞こうとも、理解しようともしない傾向があります。

さらに厄介なのは、部下の言うことは聞かずに、自分の成功パターンを押しつけるタイプです。

そういったタイプのリーダーのやり方についていけないと、「仕事ができない部下」としてレッテルをはられ、部下が精神的に参って全く動けなくなってしまうこともあります。

部下の話を聞かない、あるいは、「仕事ができないダメな部下」とレッテルを貼るのは、その部下の可能性を真っ向から否定する行為です。

お伝えしたように、人には「無限の可能性」があります。

だからこそ、部下のことを「わかっている」などと、おごり高ぶらない姿勢が大切です。試しに部下に聞いてみるといいでしょう。

「あなたは私に十分理解してもらってると思いますか？」と。

人は人のことを簡単に理解できるものではありません。思い返してもらえればわかると思いますが、最も信頼を寄せるべき夫婦、恋人、長年の親友でさえも、実はお互いに理解しているのはほんの一部です。

職場の上司と部下の関係なら、なおさらです。

だからこそ、ラポールを深めるために、少しでも相手のことを理解しようと努めることがとても大事です。

「わかったと思ったら、終わり」

わかったと思った瞬間から、相手に対して理解しようという行動が止まります。

人に対して理解しきるということはありません。
だからこそ、できる限り、部下のことを理解しようとする姿勢が大切なのです。
部下のことを理解し続ければ、部下の可能性が閉ざされることは決してないのです。

フィードバックは「一方通行」にしない

「先日、部下にフィードバックしたんですが、のれんに腕押しって感じで、ちゃんと受け取ってくれたのか不安なんですよ……」

このような相談を管理職の方々からよく聞きます。

一見するとフィードバックを与える側のリーダーに問題がありそうですが、実は必ずしもそうではありません。

フィードバックにおいて、与える側の「与え方」はもちろん大事です。一方で、受け取る側の「受け取り方」次第でフィードバックの影響度は全く異なります。

たとえば、「佐藤さんは、これまで時間内に仕事を終えたことが一度もないですね」と上司から客観的フィードバックを受けたとします。

そのとき、「確かにそうだ。仕事の効率化をもっと進めていこう」と前向きに解釈する部下もいれば、「こっちの事情も知らないで、そんな厳しいことを言わないでほしい」と後ろ向きに解釈する部下もいます。

声のトーンや顔の表情などでも相手に伝わる印象は異なりますが、どんな場合においても、**受け取る側の解釈が、与える側の意図と異なってしまうリスクは常にある**ということを知っておくべきです。

極端な話をすれば、どんなに厳しいフィードバックを受けたとしても、常に前向きに解釈できる変幻自在な人も実際にはいます。

全く同じ教え方をしても、成果を出す人と出せない人がいるのは、与える側の問題ではなく、受け取る側の問題である、という見方もあります。

つまるところ、フィードバックは**「与える側だけで成立するものでは決してなく、受け取る側との協働関係がなければ、効果は発揮されない」**のです。

現場のリーダー層や部下の方々の話を耳にすると、フィードバックが「上から下」

への一方通行になっていて、双方向のコミュニケーションになっていないことに気がつきます。

一方通行の状態を改善しない限り、フィードバックが効果を発揮することはありません。

部下との間に「協働関係」をつくる

では、何から始めたらいいのか？

まず大切なことは、上司と部下との間で「意図的な協働関係を構築する」ことです。

意図的な協働関係とは、「上司と部下がお互いに協力し合いながら、お互いが合意する目標に向かって、お互いに積極的にコミュニケーションを取ること」をいいます。

意図的な協働関係を構築することは、ラポールを深めることにもつながるので、フィードバックの効果はさらに高まります。

ここで「お互いが合意する目標」とは、上から下におりてきた単純なノルマではなく、部下がベストパフォーマンスを発揮できるよう、上司が部下の思いや考え方を理解し話し合ったうえで、お互いが満足のいく目標を設定することを意味します。

また、上司と部下の双方が合意した目標達成に向けて、積極的なコミュニケーションを取ることがとても大切です。

前項でお伝えしたように、「結果よりもプロセスが重要」ですから、目標に向かって行動していくプロセスにおいて、適宜必要に応じて、お互いにコミュニケーションを取りながら、軌道修正していくなどの対応が大事です。

結果だけ見て、「何をしていたんだ、お前は！」と言うような最悪なフィードバックだけは避けましょう。

次に大切なことは、上司と部下との間で**「フィードバックの目的について共通理解を持つこと」**です。

そもそも何のためにフィードバックを行うのか？　その目的は何なのか？

曖昧な理解のまま「上からやれと言われたのでやっています」では、フィードバックの効果は著しく損なわれます。

フィードバックの主たる目的は「相手をよく理解して、相手を成長させる」ことにあります。上司は、部下を理解し続け、部下の成長をサポートし続ける。簡単なことではありません。

一方、部下は上司まかせにするのでなく、意図的な協働関係のもと、自ら改善意識と成長意欲を持って、取り組んでいくことが大事です。

上司としても、部下には**「成長の鍵を握るのは自分自身だ」**ということを十分に理解しておいてもらう必要があります。

仮に上司が部下のことを理解していない、あるいは部下の成長につながらないようなフィードバックをしていると感じたのであれば、部下は自分が正直に感じたことを上司にフィードバックすることです。

その際、上司は「部下からのあらゆるフィードバックに対して心を開いて傾聴する」こと。セキュアベースをつくることが大切です。

フィードバックは、一方通行では成り立ちません。

意図的な協働関係のもとで行われる双方向のコミュニケーションによって真の効果を発揮するのです。

第1章

部下の「可動域」を広げよ

――成長の法則――

第1章からは、さっそく実践編に入っていきましょう。

上司にとって大事な仕事のひとつは、部下を育てること。

部下が仕事に対してどのような価値観を持っているのか？

仕事を通して、どんな自己実現を果たしたいのか？

それを理解し、支援することが、部下の成長につながります。

この章では、部下を「自分で考え、行動できるビジネスパーソン」に

育てるためのフィードバックをご紹介します。

部下の自己実現を支援する「3つの視点」

「会社は、個人の自己実現の場ではない」
「理想を語るのは自由だが、現実は厳しいのだ」

私も以前は典型的な会社人間だったので、そう思われる上司の気持ちはよくわかります。

とはいえ、序章でお伝えしたように、部下の自己実現を支援することが、部下の能力やパフォーマンスを高め、部下の成長につながることは事実です。

問題は、「その理想をどのように実現させるのか？」です。
これには段階的なステップが必要です。
部下の自己実現を支援するためのフィードバックは「3つの視点」から行います。
まず最初に「部下の価値観を知る」という段階から始めます。

①「価値観」のフィードバック

価値観のフィードバックの目的は「部下の仕事に関する価値観を理解すること」です。

価値観は人間の行動原理の中で最も重要な要素です。

なぜなら、人間は価値観というフィルターによって行動が影響されるからです(次ページの図を参照)。

価値観は「好き嫌い」とも言えます。お客様と接する対面営業は好きだけど、机の上で数字とにらめっこする経理は嫌い、といったものです。

人と接するのが好きという価値観は「快の感情」と結びつき、営業をやってみたい

人間の行動原理

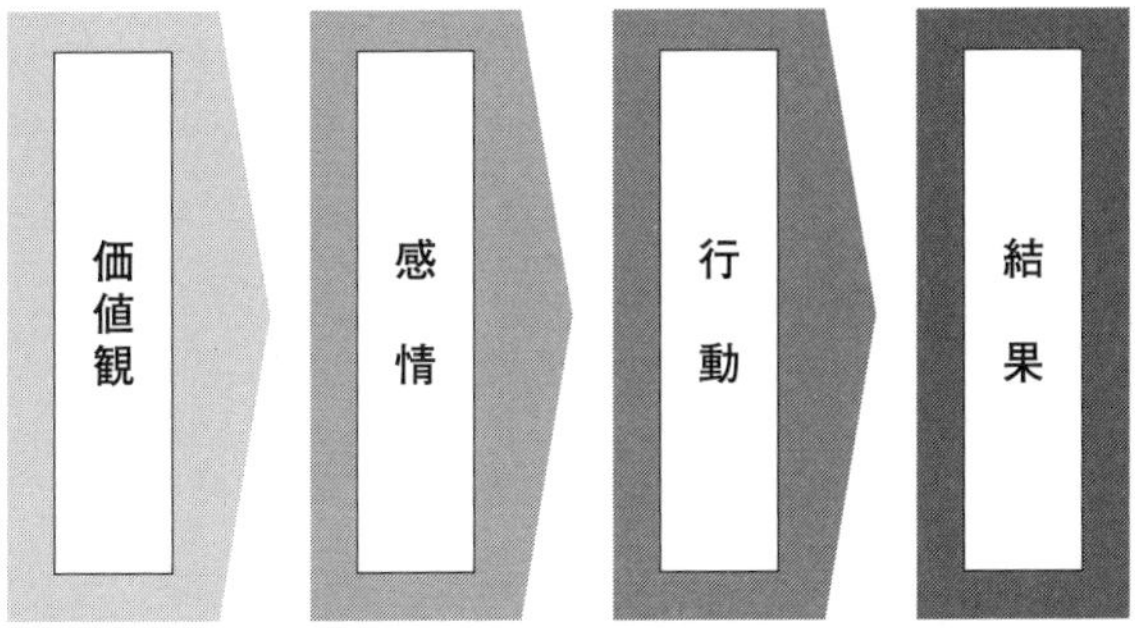

筆者作成

という行動に至ります（積極行動）。

反対に、人と接するのは嫌という価値観は「不快の感情」と結びついて、営業はやりたくないという「回避行動」を取ります。

このように、**価値観は人の行動を決定づけるフィルターとして機能します。**

なので、「部下が仕事に対してどのような価値観を持っているのか？」をまず理解することが大事なステップとなります。

■価値観のフィードバックの実践法

価値観のフィードバックを行う際は、テーマの秘匿性から、会議室（ＺｏｏｍでもＯＫ）などの1対1で話せる環境で行うことが望ましいでしょう。

事前に何について話すのかも部下に伝えておきます。「山田さんの仕事に対する思いや考え方を聞かせてほしい」とシンプルに伝えるだけでいいです。

部下の仕事に対する価値観を理解するのが目的ですので、質問する以外は一切アドバイスする必要はありません。傾聴に徹することが大切です。また、5分や10分では時間が足りず、理解も浅くなるので、30分から1時間を目安に行います。

フィードバックする際は、次のような問いかけを部下に投げかけます。

「入社した当初はどんな気持ちで仕事に取り組もうと思っていましたか？」

「入社した頃と今現在と比べて、仕事に対する意識や考え方は変わりましたか？」

「仕事にやりがいを感じていますか？　その理由も聞かせてください」

「仕事が楽しいのはどんなときですか？　反対に辛いのはどんなときですか？」

「仕事で大切にしていることは何ですか？」

質問を投げかける際には、優しい眼差しで「部下の成長を願う」気持ちを持って語りかけるように問いかけましょう。

部下からあまり答えが出てこない場合には、「具体化の質問」で促します。

具体化の質問とは、「具体的には？」や「たとえば？」というフレーズを使って相手の話をより具体的に引き出す手法です。

たとえば、「お客様のお役に立ちたい」という回答は具体性がなく抽象的な内容です。ですので「お客様のお役に立ちたいとは、具体的にどういうことですか？」と聞いて、部下の価値観をより具体化していきます。

部下が答えてくれた内容についてジャッジしたり、アドバイスしたりする必要は一切ありません。まずは、部下が安心して落ち着いて話せるようにするためです（セキュアベースの確保）。

もし、部下から言葉がうまく出てこなくても、傾聴しながら「待つ」ということがとても大切です。なぜなら、部下が考えを巡らしているときに、上司が口を挟んでしまうと、集中がそがれて、違う方向に意識が向いてしまうからです。

あえて助け舟を出さずに、部下を信じて「待つ」ことは、部下の主体性を育むためにも、不可欠なプロセスなのです。

そして、部下が話し終わったところで、最後に次の質問を投げかけます。

「話してみて何か気づいたこと、あるいは感じたことはありますか？」

この質問はどんな場面にでも使える「振り返りの問いかけ」です。

この問いかけによって、部下は気づいたことや感じたことを自分の言葉で言語化します。

自分の言葉で話しているうちに「あっ、今わかった！」と感じた経験はないでしょうか？

この言語化していくプロセスの中で、思考が整理されて悩みが解決したり、今まで気づかなかったことに気づいたりすることを**オートクライン**といいます（図を参照）。

オートクラインはもともと医学用語で「自己分泌」を意味します。このオートクラインの作用によって、仕事で大切にしたいこと（価値観）は何だったのかを確信する契機になったりするのです。

オートクライン

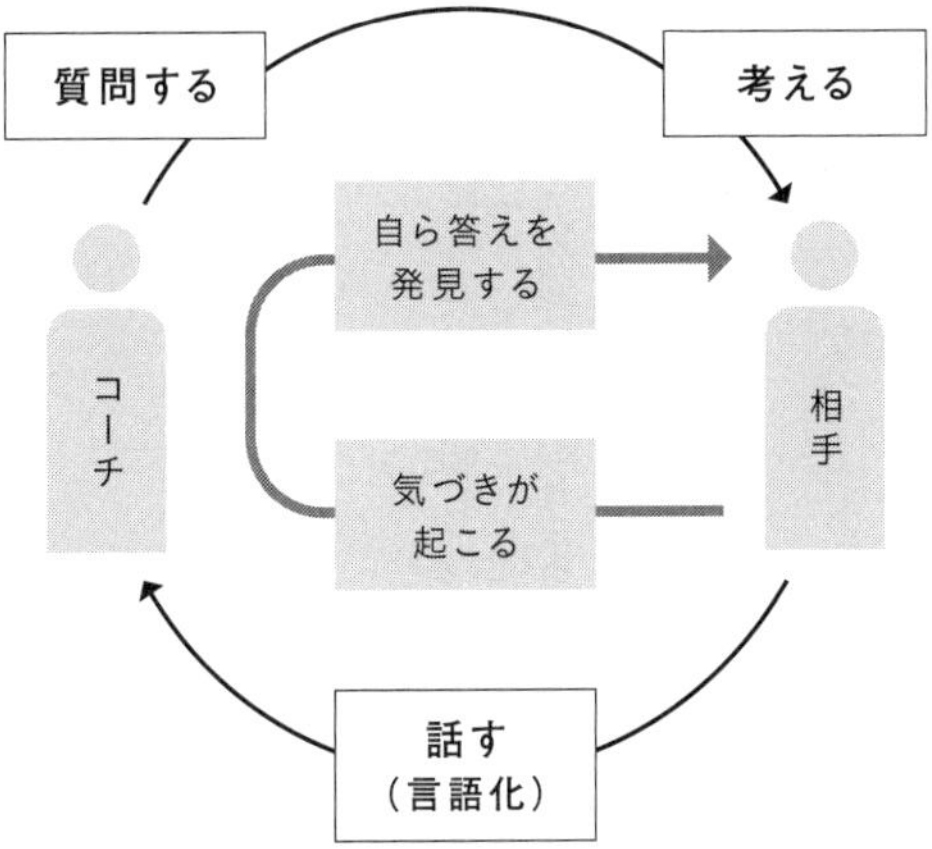

以上のように、価値観のフィードバックのやり取りそのものはシンプルです。

ですが、実際にやってみていただくと、「部下のことを全然理解できていなかった！」と驚かれることでしょう。

それと同時に、部下がどれほど仕事に対して色々な考えや思いを抱いているのかを深く知ることができ、部下を応援したくなる気持ちが湧いてくるはずです。

部下の成長を支援するといったところで、この応援したくなる気持ちが上司にないことには、薄っぺらで形式的なサポートしかできません。

その意味でも上司が部下の仕事に対する価値観を深く理解することは重要なの

です。

②「視野拡大」のフィードバック

次のステップは、視野拡大のフィードバックです。その目的は「自己実現から社会貢献につなげていくこと」です。

仕事での自己実現が部下の成長につながることはお伝えしたとおりです。ですが、それだけでは発展性がありません。

自己実現は単なる「自己満足」とは異なります。

部下の自己実現が社会貢献、すなわちお客様のお役に立つこと、さらには社会のより豊かな発展につながっていくことによって、その価値は本物になります。

独り善がりではない、発展性のある自己実現へと変化させていくために、視野拡大のフィードバックを行うのです。

やり方そのものは、価値観のフィードバックと基本的に変わりません（時間は多少短

発展性のある自己実現

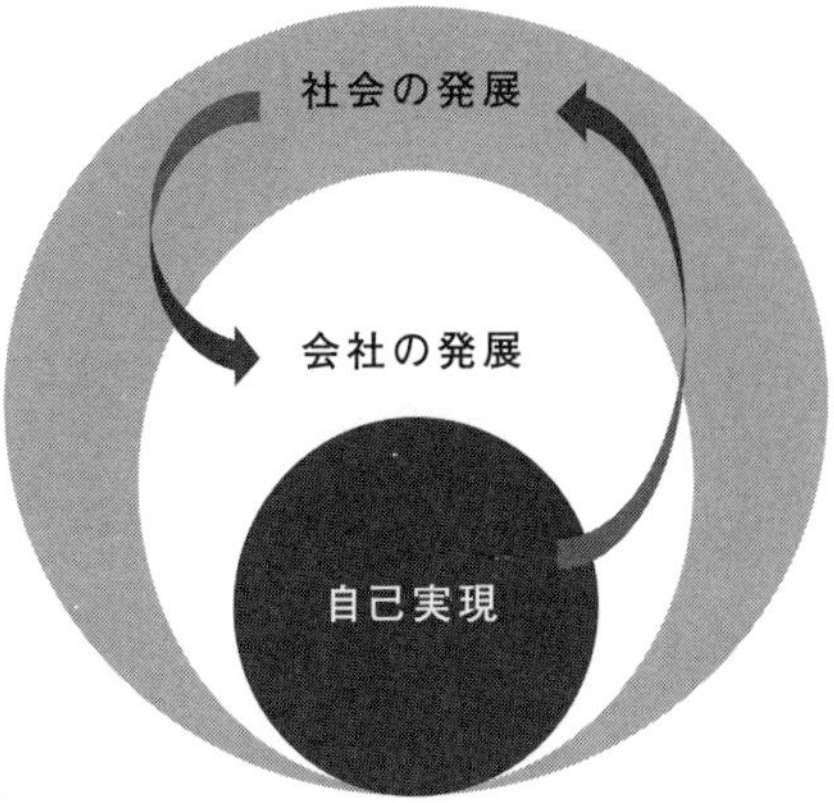

筆者作成

くてもＯＫ）。問いかけ以外はジャッジもアドバイスもしないで傾聴に徹します。

視野拡大の問いかけイメージは次のとおりです。

「あなたの仕事は、どのようにお客様のお役に立っていると思いますか？」
「あなたの仕事は、どれくらい社会の暮らしを豊かにしていると思いますか？」
「あなた自身がお客様だとしたら、あなたの仕事にどれくらい感謝しますか？」

部下が話しているときは傾聴し続けます。部下が話し終えたら、「振り返りの質問」をして、自分の仕事がお客様や社会とどうつながっているのか、想像を膨らませてもらいます。

　実体験がなくても想像力を働かせることで視野が広がり、発展性のある自己実現へと変化していきます。

発展性のない自己実現→「営業成績を上げて、昇進昇給を果たす」
発展性のある自己実現→「当社の商品を広めて、お客様の笑顔を増やす」

　2つの違いは明らかです。

　部下の自己実現が社会貢献という視点と結びついたとき、「会社のため」という会社中心の考え方を超越して、自然と会社の発展にもつながっていくのです。

③「軌道修正」のフィードバック

　最後の3つ目のステップは、軌道修正のフィードバックです。

　その目的は「理想と現実とのギャップを解消していくこと」です。

部下が仕事で自己実現を成し遂げていく過程において、予想できない現実の壁にぶち当たることが多々あります。

本書で扱う自己実現とは、「好き放題、気楽に働く」のような概念とは全く異なるものです。ここでいう自己実現とは「自分らしさを発揮できて、やりがいも感じられる仕事を続けられること」を意味します。

自己実現を成し遂げるには、時に本人が想像するよりも困難で辛いことを経験することもあるでしょう。それゆえ、部下が挫折しそうになったり、現実から目をそむけたくなったりもします。

そんなときこそ、上司が部下の応援者として、理想に近づくための軌道修正をサポートします。

フィードバックの基本的なやり方は、価値観のフィードバックと同じです。

軌道修正の問いかけは次のようなものです。

「以前ほど今の仕事にやりがいを感じられていない理由は何ですか？」

「仕事のやりがいを取り戻す方法があるとしたら、それは何ですか？」

「今の仕事にまた別の価値や可能性を見出すことができるとしたら？」
「これから数年先を見据えたとき、今の仕事はどんな価値をもたらしてくれる？」
「これまで頑張ってきたことが、次の仕事に活かせるとしたらどう活かす？」

このような問いかけによって、部下は脱線しそうな状況から軌道修正する道を見つけることができます。

部下が困難に直面しているからといって、毎回手を差し伸べる必要はありません。一人で困難を乗り切る術を身につけることも大切だからです。

とはいえ、ずっと放置しておけばよいというものでもありません。上司が答えを与えずとも、問いかけのフィードバックによって、部下は自ら考え、軌道修正していきます。

以上、部下の自己実現を支援するためのフィードバックを3つの視点からお伝えしました。

私の人生を変えた「フィードバック」

このような適切な方法でのフィードバックには、その後の仕事人生を変えるほどの力があります。私自身の経験をお話ししましょう。

JICAで働き始めて5年目のことでした。多くのプロジェクトを任され、途上国の現場に何度も足を運ぶ中で、プロジェクト管理におけるチームワーク、リーダーシップ、モチベーションなどの大切さを痛感し、抜本的な改善が必要ではないかと強く感じたのです。

そのことを当時の上司に伝えたとき、上司のフィードバックはこうでした。

「國武さんが、仕事で大切にしていきたいことは何なの？」

それまでがむしゃらに仕事をしてきた中で、「何を大切にしたいのか？」という「価値観」について問われたのです。

私は答えました。「組織もプロジェクトも人ありきです。人を大切にできる組織のあり方を追い求めていきたいです」

上司は深く頷いて「それは非常に大事なことだと思う。國武さんは、以前、海外の大学院に留学して自己研鑽したいと言っていたけど、今話してくれたテーマは、大学院での研究テーマにつながる可能性はあるんじゃないか？」と私に問いかけてくれました。

海外大学院留学は私にとって自己実現の一つでしたが、上司のフィードバックによって視野が広がり、組織の業務改善につながる具体的な視点を与えてくれたのです。

こうして、上司のフィードバックから着想を得た私は、留学の具体的な研究テーマが決まり、多忙を極める仕事の合間を縫って、超難関のＬＳＥ（ロンドン政治経済大学院）の留学試験のための準備を始めました。

しかし、その道のりは厳しく、何度も挫折しそうになりました。

そんなとき、当時の上司は私の自己実現を心から応援してくれたのです。

その上司から受けたフィードバックは今でも覚えています。

「もし、今諦めたら、一生後悔するんじゃないのか？」

そのひと言で私は勇気づけられ、ＬＳＥに合格し、自己実現を成し遂げることができました。

その結果、組織の業務改善に貢献できただけでなく、独立起業後も多くのクライアント様のお役に立つことができたのです。

部下の自己実現は、自己満足でも、単なる絵空事でもありません。

部下の自己実現を陳腐なものせず、発展性のある自己実現へと変えていく必要があります。

そのためには、上司が広い視野をもって部下を見守り、応援し続けることが大切なのです。

「挑戦できる部下」を育てる「リフレーミングのフィードバック」

今や世界で最も著名な実業家とも言われるイーロン・マスク氏。

彼は波乱万丈の幼少時代を過ごし、彼の代名詞となる電気自動車や民間宇宙事業などの革新的事業の開発も苦難の連続でした。

そんなマスク氏ですが、こんな言葉を口にしています。

"Failure is an option here. If things are not failing, you are not innovating enough."

「失敗は選択肢の一つ。もし失敗していないとしたら、革新的なことをしていないと

いうことだ」

私はエグゼクティブ・コーチとして、多くの起業家や経営者の挑戦をサポートしてきましたが、**「失敗こそが最高の財産である」**ということをいつもお伝えしてきました。

もし、失敗していないならば、何も挑戦していないということです。

つまり失敗しない無難な選択しかしていないということ。**無難な選択は成長をもたらしてくれません。**

最近、民間の調査会社が行った調査で興味深い結果があります。

人事担当者が若手社員に最も期待していることは「失敗を恐れずに挑戦すること」だったそうです（２０２０年8月、ジェイックによる調査）。

一方、若手社員の傾向として、「失敗に対する恐れが強く、挑戦や成功体験を積みづらい」という調査結果もありました（イマドキ若手社員の仕事に対する意識調査２０２０、日本能率協会マネジメントセンター）。

両者の間のミスマッチ現象は看過できるものではありません。

これからの時代は、待ったなしの激動の時代だからです。

ＩＴ革命以降、ＡＩ技術など各方面で劇的な変化が起こっていることは事実です。「失敗を恐れて挑戦しない」という姿勢では、企業は今後ますます立ち行かなくなります。このような状況に対応するため、「恐れずに挑戦できる部下」へと変化させていくことが求められます。

失敗を恐れず、挑戦する方向へと舵を切るには、リフレーミングのフィードバックが効果的です。

リフレーミング（reframing）とは、理想的な状態に向かうために、ものごとを認知する枠組みを別の枠組みで捉え直すことをいいます。もとは心理学の専門用語です。

（事例）

部下「田中課長、今度の新規事業、実際やるとなるとかなり難しそうで……」

上司「なるほど。山田くんは本当はどうしたいの？」

部下「挑戦したい気持ちはあります。でも、失敗したくないので躊躇しています」

上司「正直に伝えてくれてありがとう。私からフィードバックするね。

仮に失敗しても、その失敗を次に活かせるとしたらどうだろうか？」

リフレーミング

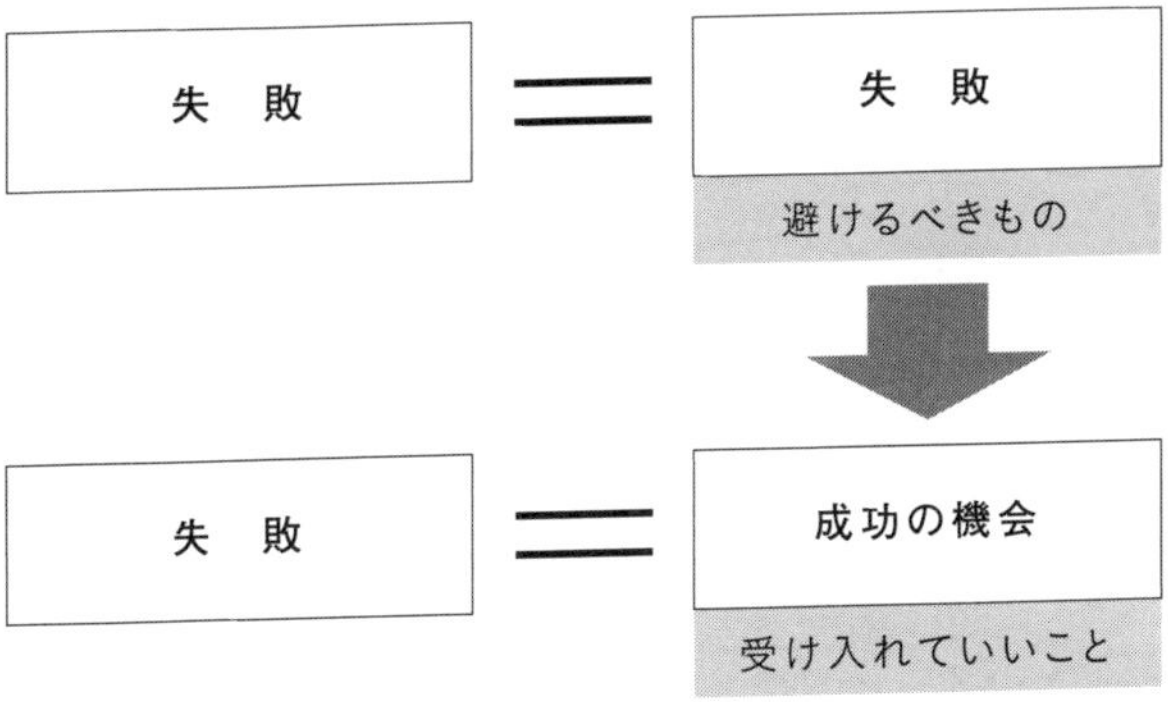

筆者作成

部下「失敗は成功の糧、ですね。やります。挑戦させてください！」

上司「素晴らしい！　上司としての責任は私が取るから。何かあったら相談してね」

　太字の部分がリフレーミングのフィードバックになりますが、つまり、「失敗＝失敗（避けるべきこと）」から「失敗＝成功の機会（受け入れていいこと）」へと失敗の定義が変換されたのです（図参照）。

　物事には必ず両面があります。長所は短所にもなり、短所は長所にもなる。

　物事は解釈次第ということです。

　この解釈の自由さを上手く活用したのがリフレーミングの手法です。

「リフレーミング」で留学に踏み出したクライアントの事例

エグゼクティブ・コーチとして、多くのクライアントの挑戦をサポートしてきた私ですが、こんなことがありました。

そのクライアントさんを仮に鈴木さんとしましょう。

鈴木さんは、心がとても揺れていました。なぜなら、このまま会社に居続けるか、あるいは海外に留学してさらに自分の可能性に挑戦するか、の狭間にいたからです。

鈴木さんは30代半ばです。ご家族もいるので、会社に残ってそのまま働き続けるというのは安心安全な選択です。他方、海外留学してIT分野に関する博士号を取り、その専門性を武器に社会貢献事業を展開したいという高い目標も持っていました。

まさに人生の岐路。

右か左かを決断する状況だったわけですが、彼はどちらの道を選択したのでしょうか？

コーチングセッションの中で、彼が相談してきました。

「留学は私のわがままで、家族を犠牲にする選択かもしれません」

私は、彼の顔の表情、声のトーンなどにも意識を向けながら質問しました。

「私は、鈴木さんの可能性を信じています。自分の心に正直に聞いてみてください。**もし留学が幸せをもたらす選択だとしたら、本当はどうしたいのですか？**」

鈴木さんは、深くため息をついて、それからしばらく考え続けました。

私は一切言葉を発せず、ただただ彼からの答えを待ち続けました。

5分、10分は経ったでしょうか。彼が重たい口を開きました。

「決めました。留学することにします。僕だけでなく、家族も幸せにする選択です」

彼の揺るぎない決心を、私は心から祝福しました。

本当に勇気がいる決断だったと思います。将来が保証されているわけでもない海外留学という挑戦だったわけですから。

その後、彼は見事に留学を実現し、家族とともに海を渡り、大活躍されています。

そんな彼が留学後に私にメッセージを送ってくれたことがあります。


「國武コーチ、僕が留学を決断できたのは、あの時の國武コーチの質問が大きなきっかけでした。そして、僕の可能性を信じてくれていたこと。何も言わずにずっと見守ってくれましたよね。そのおかげで今の僕があります。本当にありがとうございました」


「失敗するのが怖いなら、やめておけ」というのは簡単です。

しかし、それでは部下は成長する機会を逃してしまいます。

部下の可能性を信じて、失敗を恐れず挑戦することを上司が心から応援する。

だからこそ、上司からのフィードバックは部下の心に届くのです。

「自分で考えて、結果も出せる部下」の育て方

「部下には主体的に行動できるようになってほしい」

こう思っている上司は今でも多いです。
主体性は、近年、企業が社員に求める能力として常に上位を占めています。
主体性とは平たく言えば、「自分で考えて行動できること」を指します。
主体性がクローズアップされた背景には「指示待ち社員」に対する不安があります。
このままでは、会社の将来が危ぶまれるという企業側の危機感が強くなったのです。

そこで各企業は、人材育成にコーチングを導入するなど、部下の主体性を発揮させる様々な取り組みを行いました。その結果、ある程度、自分で考え行動できるようになったものの、「結果が伴わない」という事例が多く聞かれるようになりました。

原因は様々ですが、大きな要因の一つは部下の主体性を発揮させようと、部下を「放任してしまう」ケースです。

部下に仕事を「任せたつもり」になっていて、実際には「放任されている状態」というのが実態でしょう。

このような放任状態が「結果が伴わない原因」の一つになっています。

では、「主体性を発揮させながら、結果も伴わせる」にはどうしたらいいのか?

「結果を導く」フィードバック

まず、最初の入り口では、主体性を発揮させる質問で部下が自ら考え行動できるようなきっかけをつくっていきます。

やってしまいがちなパターンは、「今度の新規案件は、こんな感じで進めてもらいたいけど、いいかな？」です。

確かにやり方を示されているので、部下はやりやすいでしょうし、上司としても安心なのかもしれませんが、これでは指示待ちと変わりません。

そうではなくて、たとえば、「今度の新規案件、田中さんとしては、どう進めていきたい？」という感じで、部下の考えや意見をまず聞くのが正解です。

自ら考える癖をつけてもらうためです。

そして次からが問題です。

部下が仮にこう答えたとします。「今度の新規案件ですが、できるだけ早く結果が出せるようにチーム一丸となって、一生懸命がんばりたいと思います」

そこで上司が、やる気満々の部下の目を見て、「よし、がんばれ！」とフィードバックしてはいけません。これが放任の状態を招くからです。

そこで上司がフィードバックすべきポイントは、**「結果が出るまでのプロセスを明確にさせる」**ことです。

先ほどの部下の答えは、部下が思いを述べているに過ぎません。

部下の思いを受け止めること自体はとても大切なのですが、結果を出してもらうためには、思いだけでは不十分です。

上司としては、部下の思いを受け止めつつ、**「結果が出るまでの手順について聞かせてくれませんか？」**と部下にフィードバックするのです。

結果を生み出すのはあくまで「正しいプロセス」です。

「偶然、結果が出ました！」ではビジネスになりません。正しいプロセスがあるからこそ、一定の確率で予期した結果を得ることができるのです。

部下が質問に対して、結果に至るまでの正しいプロセスを答えることができたら、最初の大きな関門は突破したと言えるでしょう。

他方、もし正しいプロセスを答えることができなければ、上司が正しいプロセスを教えるのではなく、まずは「そうすると、なぜそういう結果になるのか聞かせてくれる？」という感じで質問を投げかけ、部下の考えを丁寧に聞いていきます。

部下からどうしても正しい答えが出てこない場合には、「正しい手順をどうやって見つける？」と聞きます。部下が自分で調べてみるというのであれば、それを尊重しましょう。

部下がギブアップしてどうしても上司からアドバイスがほしいと答えた場合のみ、正しい手順を教えてあげるのです。

これは、出し惜しみでも何でもなく、「部下の主体性を育むため」であることを忘れてはなりません。

結果に至るための正しいプロセスが明確になったら、部下を放置状態にしないためにも、「プロセス管理」が大切です。

プロセスを管理するフィードバック

プロセスを管理するフィードバックは、結果を出させるためにも重要です。

まず上司が押さえるべきポイントは、**必要最低限の要所に絞って、進捗を確認する**ということです。

いわゆる「マイクロマネジメント」にならないようにすること。

マイクロマネジメントは、部下が信頼されていないと感じてやる気を失うだけでなく、余計な時間や神経を使うことにもなり、上司にとってもマイナスです。

要所については、部下と事前に確認しておきましょう。

たとえば、情報収集、調査分析、企画検討、関係者との接触、案件の提案・契約、案件実施、中間評価、案件の終了、事後評価など、上司と部下が進捗を確認しあう各段階を明確にしておくことです。

お互いにチェックポイントを確認しておくことで、より確実に結果に近づいていきます。

何かトラブルや改善すべきことはないかも含めて、当初の予定通り進んでいるかを確認することも大切です。

進捗が良い場合には、「案件が上手く進んでいる理由は何だと思いますか？」とフィードバックして、成功体験を言語化してもらいましょう。成功パターンを言語化することにより、結果に至るための成功確率を少しでも上げていくのです。

反対に上手くいっていない場合には、「改善できることがあるとしたら、何でしょうか？」とまずはフィードバックして、自ら解決策を考えさせることが大事です。

安易に答えを与えて「すぐにやり直せ！」のような指示命令はしません。

部下は萎縮して、自分で解決しようとする力を失い、指示待ち人間になります。

部下が自ら考えて行動し、結果までも出せるようになるには、時間がかかります。

上司が焦る気持ちもよくわかります。教えてしまったほうが早くすむのも事実です。

ですが、焦って答えを与えてしまうほど、部下は育たなくなるのです。

ビジネスは長期戦です。

今だけしのげればよいわけではありません。

じっくりと部下を育てるという視点を持って、部下と関わり続けることが、結果を出せる部下を育てることにつながるのです。

部下の「可動域」を広げる

ぬるま湯につかっていると気持ちいいものです。気持ちいいものだから、長くつかっていたくなります。それ自体、何ら悪いことではありません。

ですが、ぬるま湯に長くつかっていると、手足がふやけてシワシワになります。ビジネスも似たようなもので、コンフォートゾーン（快適領域）に長く居続けると、思考力や行動力もふやけて、成長が鈍化します。

部下が成長するためには、時折コンフォートゾーンを抜け出し、可動域を広げることが大事です。

可動域とはキャパシティーのことで、ここでは**能力幅**（仕事を遂行する能力の大きさ）を意味します。

この可動域（能力幅）を広げるには、コンフォートゾーンから抜け出る必要があります。つまり、「限界から一歩踏み出す」ということです。

ところで、我々はよく「限界」という言葉を使いますが、そもそも限界とは何でしょうか？

限界には二種類あります。

それは**「物理的な限界」**と**「思い込みの限界」**です。

たとえば、「風速40メートルに耐えられる壁」に対して、その風速を超える風が吹いたら、当然壁は壊れます。これが物理的な限界の例です。

一方、思い込みの限界とは、自分の心が決めた心理的な限界であり、単なる思い込みです。たとえば、月に10件契約を取ることが自分の限界だと思いこんでいた人が、なにかのきっかけで月に30件の契約を取ることができてしまった、などです。

物理的な限界は超えることができませんが、思い込みの限界は超えることが可能です。

ではそもそも、限界はどうやって作られるのでしょうか？

限界は「自分の過去の経験」から作られます。

さらに一般常識や自分の限界を証明するかのような出来事が起こることで、限界が強化されることもあります。

たとえば、中学生や高校生の頃、英語のテストで赤点ばかり取っていた人は「自分は英語ができない」と限界をつくります。さらに親や兄弟も英語が苦手だったとすると、「英語ができないのは遺伝も原因なんだな」と限界が強化されるわけです。

客観的に見れば、その限界は単なる「思い込み」に過ぎません。

実際、英語が大の苦手で英語は全くできないと思っていた人が、社会人になってから英語を学び直してみたら、英語の達人になったという例はたくさんあります。

にもかかわらず、この「思い込み」という限界は、とことん自分の可能性を否定し、縛りつけます。

私はエグゼクティブ・コーチとして、クライアントがこの「思い込み」という限界に縛られて動けなくなっているケースを何度も見てきました。

限界というのは、自分自身が勝手に作り上げている幻想に過ぎないにもかかわらず、本人にとっては、「歴然たる真実」として認識されてしまっているのです。

では、このやっかいな「思い込みの限界」にどう対応したらいいのでしょうか？

限界を乗り越えるフィードバック

限界、つまり「思い込み」を外す効果的なフィードバック手法の一つに「**As ifフレーム**」があります。

As ifは「もし、〜なら」という仮定をイメージさせる語法に由来します。

具体的には「もし、〇〇できるとしたら、どのようにできますか？」と問いかけます。

この問いによって、部下は「自分はできない」という思考停止の状態から解放されて「できるようになるには、どうしたらいいか？」という前向き思考に変化します。

某企業の管理職のクライアントで部下の育成に悩んでいる方がいました。

その部下は自己肯定感が低く、引っ込み思案なタイプで「私にはできません」が口癖だったようです。

そこで私は**「As if フレーム」**を使うのが効果的であること、また、特に思い込みが強い場合には、「もし少しでもできるとしたら……」と段階的に部下の思い込みを弱めていくよう伝えました。

その結果、「できません」が口癖だった部下が「ちょっとやってみます」と言い出したのです。この反応の変化には驚いたとクライアントの方はおっしゃっていました。

「少しくらいなら、できるかもしれない」という感覚が湧いてきたら、最初の関門は突破です。

時に「思い込みの限界」は強力だったりするので、少しでも思い込みが弱まれば十分です。思い込みが弱まるだけで、部下は限界の枠を超えて一歩前進することができるのです。

限界を一歩超えて部下の可動域を広げていくには、**成功体験を積み重ねる**ことも大事です。

限界を超えるということは、本人にとっては「未知の領域」です。

未知の領域が既知の領域になったとき
限界を超える

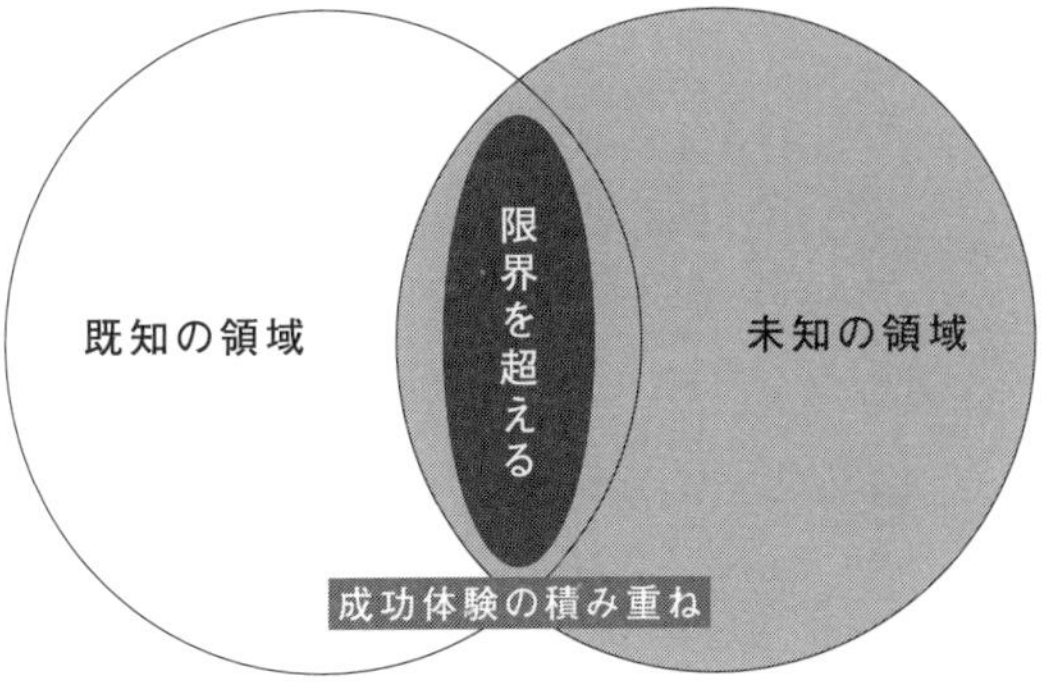

筆者作成

未知の領域は、未体験ゾーンなので不安だらけです。

この不安を払拭して、揺るぎない自信を構築していくためには、成功体験を積み重ねることがとても効果的です（図参照）。

ここでいう成功体験とは、未知の領域における目標を達成することを指します。未知の領域における目標は、既知の目標とは異なり、難易度が質・量とも格段に高い目標です。

それゆえ、100%完璧に達成しようとすると、挫折したりして完全に自信喪失となるリスクもはらんでいます。

とある人材育成関連の分野で起業して

2年目の40代のクライアントの方のお話です。

初年度はなんとか目標達成できたものの、2年目の業績が伸び悩んでおり、売り上げを増やさなくてはならない状況でした。

社員は3名でマンパワーは足りない。でも人は増やせない、という中でなんとかしなくてはならない。まさに限界を超える必要があったのです。

これまでは、一人あたり毎月1~3件ぐらいのペースで取引先と契約していましたが、資金繰りの関係もあり、毎月10件程度の契約を取るという目標を立てました。

これは社員にとっては、まったく未知の領域です。

クライアントの方は、「どうしたら社員のパフォーマンスをさらに上げることができるのか教えてほしい」と私に相談されたのです。

未知の領域での成功体験を積み重ねるポイントは、**「目標を細分化する」**ことです。

私はこのようにお伝えしました。

「いきなり毎月10件の契約を取ることを目標にすると心理的プレッシャーで押しつぶ

される可能性があるので、1日1件の契約を取ることを最初の目標にしてください」

10件という目標は意識しないで、日々の小さな目標を達成することだけにフォーカスするというやり方です。

この手法は**「スモールステップ」**とも言われますが、このように小さな成功体験を積み重ねることによって、可動域が徐々に広がっていきます。

つまり、未知の領域が既知の領域へと変わることで、可動域は広まるのです。

後日、そのクライアントの方から報告がありました。

「当初毎月10件契約を取るように頑張ってくれと檄を飛ばしたら、社員から反発を食らいました。でも、國武さんに言われて、1日1件の契約を取ることだけに集中してほしいと伝えたところ、まずはやってみますと前向きに取り組んでくれたんです。そのおかげでほぼ毎月10件程度の契約を取れるようになりました」

大きな成功は小さな成功の積み重ねの結果です。

コンフォートゾーンを抜け出すには勇気がいります。いきなり大股で進もうとするのではなく、小股で小さな一歩から歩み出す。

その小さな一歩が積み重なるといつの間にか未知の領域は、既知の領域に変わるのです。

最後に一つ大切なことをお伝えします。

部下は多かれ少なかれ「思い込みの限界」を持っています。その限界を超えていくのは部下自身です。

とはいえ、上司のサポートは必要です。その際大切なことは、上司が部下を限界づけないこと。

「こいつはダメだ」とか「あの部下には無理だ」とか、部下に対してレッテルをはった瞬間から、部下の成長機会は失われるということです。

上司であるならば、部下の無限の可能性を信じて関わってあげてください。

それは、上司自身が自分の限界(思い込み)を突破することでもあるのです。

限界を超えるというのは、今までの自分の限界を超えて、新しい自分の未知なる領域に踏み出すということです。
その領域に踏み込んだとき、部下は大きく成長していきます。

同僚とは「競争しない」

「この競争社会で勝ち抜いた者だけが生き残るんや」

関西人の上司が私に言い放った言葉はいまだに記憶に残っています。

当時、大手都市銀行に勤めていた私は、周囲に負けじと必死に頑張って働きました。

「同期だけでなく先輩も全て競争相手か……」

そう思い込んだ私は全く気が抜けませんでした。職場の人間に心を許すこともありませんでした。そうなると人間関係は必然的にギスギスしてきます。

気が抜けない、油断できない、そんな状態が続いて、私はプレッシャーとストレスで倒れました。人生初の救急車を経験したのはそのときでした。

倒れたことがきっかけで、私は他者と競争するのをやめました。同期や先輩は競争相手ではなく、**同じ仲間**だと思うようにしたのです。

仲間だと思うようにしてから、状況は一変しました。

同期も先輩も以前とはうって変わったかのように、私を支えてくれるようになったのです。

私の仕事のパフォーマンスも嘘のように上がりました。

プレッシャーやストレスから解き放たれ、胃薬の世話にもならなくなりました。

嫌に感じていた仕事も楽しくなり、笑顔も格段に増えました。

「他人との競争はやめよう、競争するなら自分と競争しよう」

心身を患って得たこの教訓は、それからの私の人生にも大きな影響を与えました。

この話はかなり昔の出来事ですが、職場での競争に疲れ果てて、心身を病む人や自分を見失ってしまう人は今でも後を絶ちません。

人も組織も同じですが、競争というのは、幸せをもたらしてくれません。

他者（他社）との競争は、他者（他社）に振り回され、妬みや劣等感を生み出す元にもなります。身内どうしの足の引っ張り合いや、お互いが疲弊するような競争は効率的ではありません。

本来、人や企業が意識を向けるべきは、他者（他社）ではなく、**お客様と社会**なのです。「お客様や社会に対して、どれだけお役に立てるか？」に意識を向けていれば、競争という非効率なサイクルに振り回されることはありません。

向けるべき本来のベクトルは、お客様と社会であることを再確認すべきです。

どのように「自分」と競争するか

では、他者と競争させないで自分との競争を促すにはどうしたらいいか？

次のフィードバックの例を比べてみてください。

×「先月の鈴木先輩の売上高を超えるには、これからどう行動しますか？」

○「先月のあなたの売上高を超えるには、これからどう行動しますか?」

他人との競争は、他人が基準になります。なので、振り回されます。妬みや劣等感の元にもなります。

一方、自分との競争は自分が基準になります。つまり、振り回されることもなく、妬みや劣等感も生まれません。

「他人と競争しなければ、成長しないのでは?」という不安を感じる人もいますが、**他者と競争するのではなく、他者を参考にする**ことで、自己基準を高めることはできます。自分基準を部下に持たせることが、部下の成長を促す一つの鍵となります。

とはいえ、企業には売上目標など、組織全体あるいは部署ごとの「組織としての目標」があります。

ですので、上司は組織としての目標が達成されるように、部下に対して目標基準を明確に示す必要があります。

この目標基準を標準点とし、「部下がどれだけ標準点を超えていきたいか?」が、自分との競争になります。

要するに自分基準の中で決めてもらえばいいのです。

完璧主義という最大の敵

自分との競争の中で、**最大の敵は「完璧主義という自分」**です。

周囲から見て、とても優秀な人がこの完璧主義に囚われて、どれほど努力しても満たされることのない無間地獄に陥っているのを何度も見てきました。

この完璧主義は、完璧でないと動けない、完璧でないと自分が認められない、という頑固でやっかいな自己基準です。

エグゼクティブ・コーチとしての経験上だけでなく、世間一般的にも、完璧主義の傾向が強い人はかなり多い印象です。

完璧主義に縛られて身動きがとれなくなると、仕事のスピードは格段に落ちます。

変化スピードの著しい激動の時代において、スピードを失うことは致命的です。

完璧主義はスピード化が求められる時代に合わず、心理的なストレスも大きいことから、手放すのが正解です。

もし、部下に完璧主義の傾向があれば、できるだけ早い段階で完璧主義を手放せるようにフィードバックを行います。

部下が仕事をサボっているような場合は論外ですが、「期限までに仕事が完了していない」、「仕事が遅々として進んでいない」、「資料作成にこだわり過ぎている」、「メールの文書など、不必要に詳細に書き過ぎている」など、このような傾向が見られたら、一度部下と対話の機会を持ちましょう。

部下に対しては単刀直入に「完璧にやろうとしていないか？」あるいは「完璧に準備してから動こうとしていないか？」とフィードバックしてみてください。

部下は部下なりに一生懸命頑張っているつもりでも、完璧主義は本人にとっても組織にとっても弊害になります。

5～7割で自分にOKを出し、スピード重視で仕事を進めること。残りの不十分なところは、走りながら軌道修正していくのが効率的です。

注意いただきたい点は、部下が完璧にやろうとしていること自体を否定するようなフィードバックはしないということです。

×「完璧にしなくていいから」

完璧にしなくていい、といきなり言われても急に行動を変えることは難しいです。また具体的でないので、どうすればいいのか部下は戸惑います。また、自分が否定されたと受け取られる可能性があり、悪循環です。

○「5～7割できたら報告してもらっていいかな？」

これであれば、すぐに対応できます。

これまでの行動を急に変えることなく、5～7割できたら報告すればいいだけですから。否定的な言い方でもないので、気落ちさせることもありません。

完璧主義という最大の敵を倒すことができれば、自分との競争に集中できます。

他者との競争ではなく、他者を仲間として受け入れる。

自分との競争に集中して、今日の自分より明日の自分を目指す。

向かうべきベクトルは、お客様と社会に貢献することなのです。

コラム

フィードバックは「1on1」を活用する

ここ数年、アメリカのシリコンバレーに端を発し、グーグル、ヤフー、マイクロソフト、インテルほか、日本の東証一部上場企業においても「１ｏｎ１」（ワン・オン・ワン）という名称で１対１のマネジメント手法が普及しています。

１ｏｎ１は１対１の人事面接、あるいは業務の打ち合わせなどとは異なります。

また単に１対１で顔を合わせればいいというものでもありません。

では、何が異なるのかというと、「１対１のコーチング」と言えるでしょう。

１ｏｎ１では、コーチングが主たるコミュニケーション手法となります。

そのため、１ｏｎ１を機能させるには、上司の側がコーチングスキルをある程度身につけて、コーチとして部下と関わることが大切な要件となります。

本書では、コーチングのスキルについて体系的にお伝えすることはできませんが、フィードバックのスキルはコーチングスキルの一種でもあるので、機会があれば、ぜひコーチングの基本を身につけられることをお勧めします。

そもそもフィードバックは、1on1を活用して行うほうが望ましいのですが、その理由はいくつかあります。

一つは「**心理的安全性（セキュアベース）**」です。

心理的安全性が確保されていなければ、部下は心を開いてコミュニケーションすることができません。

当然、フィードバックも機能しなくなります。なので、1on1で第三者に干渉されない安心安全な場をつくり、お互いが守秘義務を守る必要があります。

もう一つは「**ラポールの構築**」です。

1on1は通常、週に1回、あるいは隔週1回、最低でも月1回といった頻度で継続的に行われます。これにより、ザイアンス効果（単純接触効果）が高まり、上司と部下との間に親近感が生まれます。

1on1では、コーチングの手法をふんだんに活用するので、パフォーマンスの向上、モチベーションの向上、目標達成を容易にする、リーダーシップ力の向上など、様々な効果が期待できます。

　このようなことから、1on1の枠組みを使ってフィードバックを行うと、その効果が最大化されます。

　では、1on1の基本的な実践方法ついて紹介します。

【1on1の基本的な実践方法】（所要時間の目安は1時間）

1on1の基本プロセス

　1on1の基本プロセスは、組織行動学者のデビッド・コルブが唱える「経験学習モデル」を参考にするといいでしょう。

　コルブは、体系化された知識やノウハウを受動的に学習する手法と区別して、実際の経験を通じ、それを省察（内省）して概念化することでより学びを深めることができると唱えています（図参照）。

デビッド・コルブ「経験学習モデル」

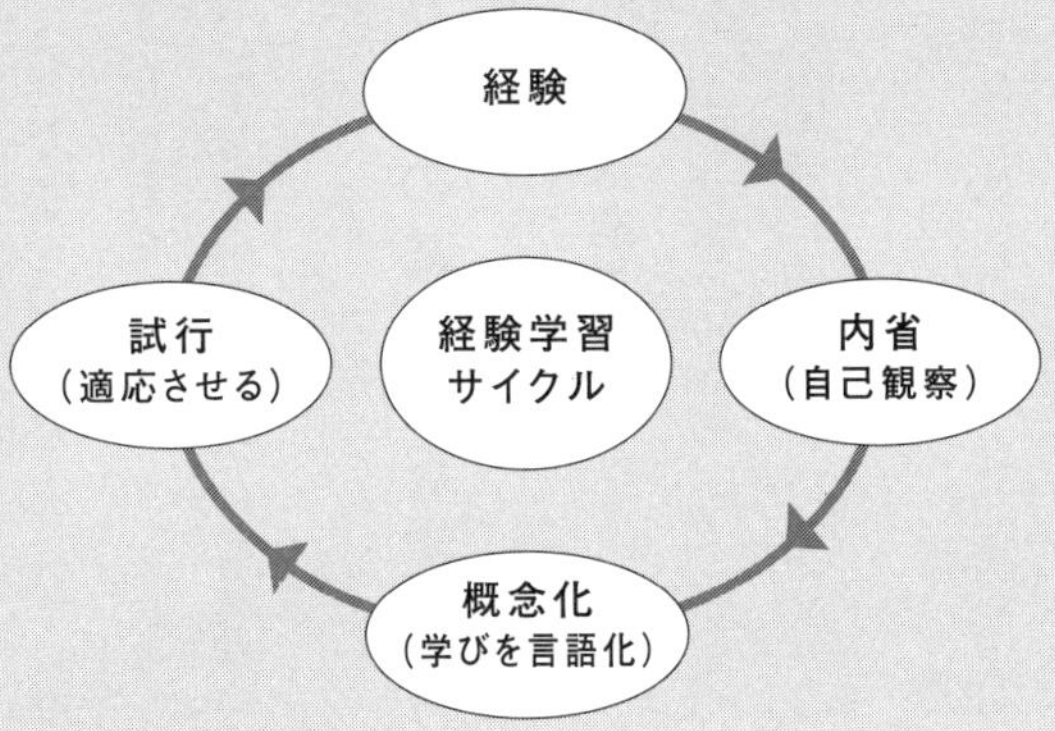

筆者が参考文献をもとに作成

この経験学習のプロセスと組み合わせながら、１ｏｎ１の実施ステップを踏んでいくと効果的です。

【1on1の実践7ステップ】

■ステップ1（経験後の振り返り）

前回の１ｏｎ１以降、どのような変化があったかなど進捗も含めて振り返りを行います。「振り返ってみて、どのような気づきや学びがあったか？」について話してもらいます。

コーチ側（上司）はアドバイスや意見は求められない限りしません。

■ステップ2（テーマ設定）

テーマはコーチ側（上司）ではなく、部下が設定します。

「話したいテーマ（悩みや課題など）は何か？　なぜそのテーマを扱いたいのか？」について話し合います。

■ステップ3（現状の明確化）

「今どのような状態にあるのか？」について現状を明確にしていきます。

コーチ側（上司）は、具体化の質問（具体的には？）や視点を変える質問（もし、自分が社長だとしたら、この現状がどう見えるか？　など）を部下に投げかけることで、狭い視野から抜け出し、より広い視野で現状を認識することができます。

■ステップ4（理想の明確化）

現状が明確になったら、今度は「どのような状態が理想なのか？」を明確にしていきます。その際、部下の思考に限界を作らないように、可能性の質問（「もし、自由にできるとしたら、どうしたい？」など）を使います。制限をかけないように「すべき（have to）」

ではなく、「したい（want to）」にフォーカスしてもらいます。

■ステップ5（ギャップの解消）

現状と理想の状態が明確になれば、現状と理想とのギャップが明確になります。

コーチ側（上司）は、可能性の質問などを使いながら、部下にギャップを解消するためのアイデアを出してもらいます。

部下から出てくるアイデアがどのようなものであっても、否定することなく、できるだけ自由に話してもらうことが大事です。ここでも上司は相手から求められない限り、アドバイスは行いません。部下の主体性を発揮させるためです。

■ステップ6（行動目標の明確化）

現状と理想とのギャップを解消する方法が明確になったら、「何を、いつまでに、どのような方法で行動するのか？」を明確にして、具体的な行動目標を設定します。

そうすることで部下も行動しやすくなります。

1on1の実践7ステップ

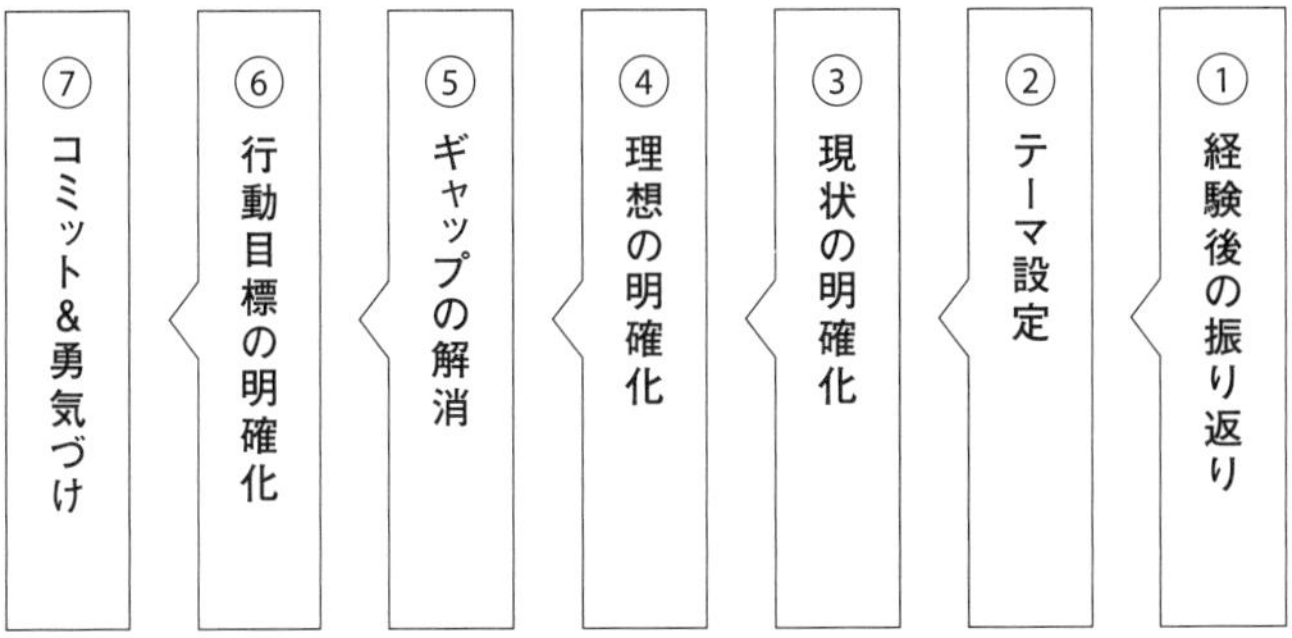

■ステップ7（コミットメント&勇気づけ）

最後は、部下が自ら行動をやり遂げるためのコミット（意思表明）をします。

コミットはあくまで部下からの発意であり、コーチ側（上司）の強制であったりしてはなりません。「どこまでやるか？あるいはやらないのか？」も含めて自らの意思でコミットしてもらうことが大切です。

コーチ側（上司）は、部下のコミットに対して勇気づけを行います。「応援するよ」「見守っているよ」「何かあればいつでも相談してね」など部下のサポーターであり続けることが大切です。

第2章

チームの「心の壁」を壊せ

——関係性の法則——

フィードバックを機能させるには、良好な「関係性」をつくることが大切です。

部下が何を考えているのか、どんな感情を抱いているのか。

一方的にこちらの主張を押し付けるのではなく、

きちんと相手に耳を傾け、理解すること。

それが、チームの信頼関係を築く第一歩です。

第2章では、上司と部下が、お互いに学び合い、協力し合えるチームを

つくるためのフィードバックをご紹介します。

部下をどれほど理解しているか？

「**人は誰でも理解されたい**」と思っています。

一生懸命頑張っているのに理解されない。こんなに仕事を抱えて大変なのに無視される。育休を取ったら職場で白い目で見られた。

いずれも、よくあるケースです。

人間にとって、「理解してもらえない」のは辛いことです。

会社はお互いに協力しあえる場だからこそ、人が集まって働いているのです。にもかかわらず、職場で理解されずに孤独を感じている社員はとても多いです。

職場で孤独を感じた経験は私にもあります。

同期は300人、支店には70人以上もいましたが、毎日が孤独で不安でした。

その理由は、自分のことを理解してくれる人がほとんどいなかったからです。支店長から表彰されても、上司から「調子に乗るんじゃない」と言われる。周囲の人達も、そんな上司を諫めようとせず、知らぬ素振りのまま。

集団の中の孤独は地獄です。

会社で人が理解されない原因

会社という組織の中で、人が理解されない原因は何なのでしょうか？

考えられる理由の一つは、「会社中心の考え方」です。

序章でも触れましたが、「会社は利益を追求する場であり、社員は会社の利益を確保するため、与えられた役割を果たすべき」という考え方が会社にはあります。

会社中心の考え方が行き過ぎると、社員は「会社の駒」のように扱われていきます。

使える駒であるうちは重宝されますが、使えなくなったとたんにポイされます。

部下は所詮、会社の駒。部下のことなどいちいち理解するのも面倒だし、そんな時間の余裕もない。

残念ながら、そんなふうに人を駒扱いする上司は少なくないのが現状です。

これは仕方のないことなのでしょうか？

いや、違うはずです。

人が人として扱われないような状況を見過ごすわけにはいきません。

人を理解することの大切さ

人は自分のことが理解されないと、存在が否定されたかのように孤独や恐怖を感じます。

人は太古の時代より、外敵から自分の身を守るため、集団生活をしながら生き延びてきました。それゆえ、自分の存在が承認されないと生存を脅かされたように不安になります。

このような理由から、自分の存在を認めてほしいという欲求（承認欲求）は、人間の様々な欲求の中でも、最も強い部類と言われています。

他者から理解されるというのは、他者から自分の存在を認めてもらうのと同じです。

それくらい「人から理解される」というのは重要なことなのです。

それでは、どうすれば人を理解することができるのでしょうか？

人間はコミュニケーションを通じて相手を理解します。

コミュニケーションは、「話す」と「聞く」の交互のやり取りですが、話すという発信の行為では人を理解することはできません。

「聞く」という受信の行為で人を理解するのです。

つまり**「聞く＝人を理解する」**ということです。

「聞く」という行為は、「相手の話を聞く」と限定的に捉えられがちですが、実は「2つの要素」から成り立っています。

「聞く」のメカニズム

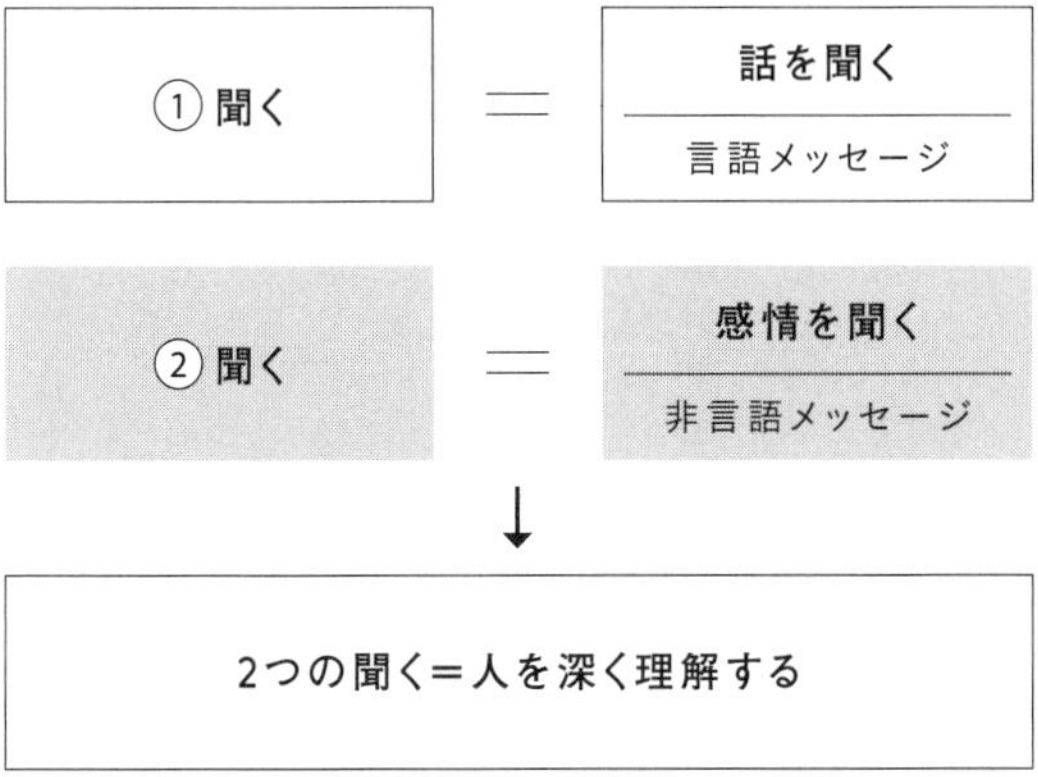

一つは**「相手の話の内容を理解する」**こと。

もう一つは**「相手の感情（心）を理解する」**ことです。

話の内容を理解するというのは、相手からの**「言語メッセージ」**が何を意味するのかを理解しようという行為です。

一方、感情（心）を理解するというのは、とりわけ相手からの**「非言語メッセージ（顔の表情、声のトーン、身体の反応など）」**をキャッチして、相手がどんな感情状態にあるのかを理解する行為をいいます。

パソコンの画面を見たままで、部下の顔を一切見ようともせずに話を聞く上司がいますが、部下が話を聞いてもらった感じがしないのは、部下の気持ち（感情）が聞かれていないからです。


人には「一つの口」に対して「2つの耳」があるように、話す以上に聞くことが大事。

言語（話の内容）と非言語（感情）の2つを聞くことで、はじめて人を深く理解できるのです。


あなたが上司なら、「2つの聞く」を意識して、部下のことを聞いてあげてください。

そのとき部下は「自分の存在が受け入れられた」と認識します。

そして、それが部下にとって「セキュアベース」になるのです。

「ここにいてもいいんだ」というセキュアベースがつくられると、部下は安心して伸び伸びと働くことができます。


部下を理解する姿勢は、効果的なフィードバックの前提条件。

その姿勢が、部下の成長につながっていくのです。

部下とは「横の関係」をつくれ

日本の会社の多くは「縦社会」で成り立っています。

上司と部下という言葉からも、縦社会の構造が読み取れます。

実は本書を執筆するにあたり「上司と部下」という表現を使うかどうか非常に悩んだ経緯があります。個人的には「上下関係」を意識させない「リーダーとメンバー」という表現のほうが適切と思ったのです。

とはいえ、日本企業では「上司・部下」という表現が日常的に使われており、職場における人間関係のイメージも伝わりやすいだろうと思い、あえて「上司・部下」という表現を使っています。

いずれにせよ、日本の会社は上下関係で成り立つ「縦社会」と思っている人がほとんどのはずです。

日本の縦社会は、会社に限らず、あらゆる形態の組織や集団で形成されています。

古典的名著である『タテ社会の力学』（中根千枝著、講談社学術文庫）では、日本の縦社会が発達してきた経緯や特徴をわかりやすく解き明かしています。本書によると、縦社会の構造を生んだ背景について次のようなことが書かれています。

・日本人の好む民主主義は人間平等主義に根ざしていて、成功者じゃなくても、教育のない者でも、貧乏人であっても、平等に扱われるべきと信じている。

・この人間平等主義は、人々に自信を持たせ、誰でも頑張れば上に登れるという道を開いた。そのことが、日本社会の成長の原動力ともなったが、過当競争を招くことに

ピラミッド構造

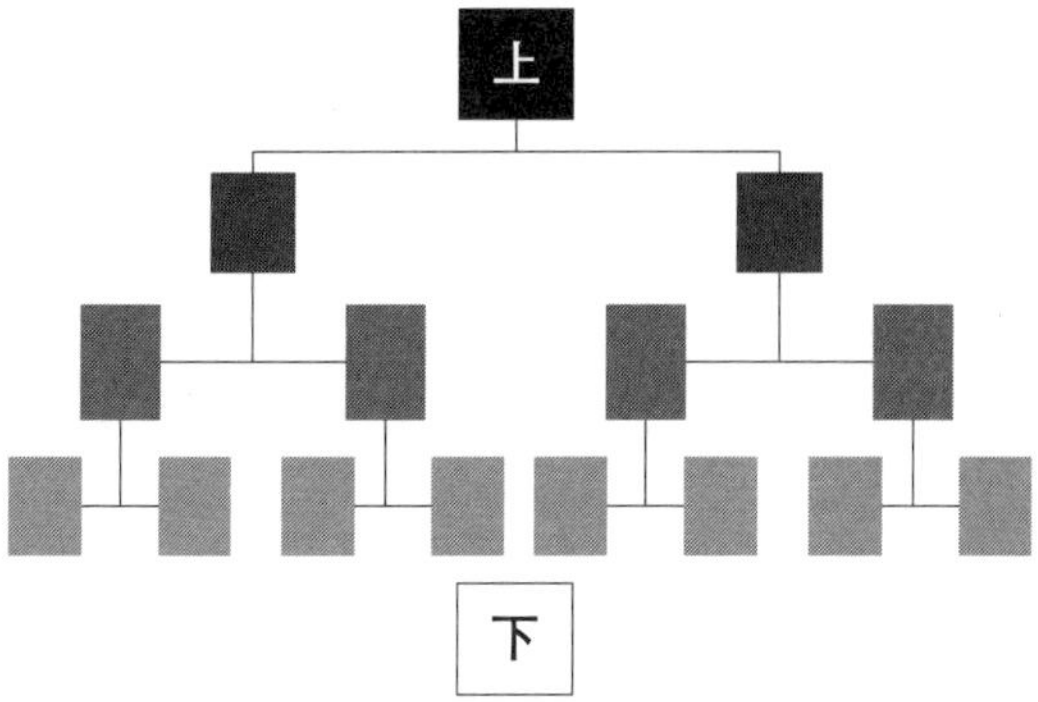

筆者作成

もなり、競争に負けた者は下の者と見られた。

頑張れば報われて、人の上に立つことができる。でも報われない者は下の者に成り下がる。結果、組織の中で「心理的な上下関係」ができてしまうというわけです。

会社組織における「縦の関係」を図に表すと、ピラミッド構造になります。

ピラミッド構造における縦の関係は、指示命令系統が明確であり、トップダウンで物事が決まります。そのため、軍隊組織のように統率が取りやすく、人を動かしやすいというメリットがあります。

他方で、組織のトップや各部署のリーダーがダメだと、組織は簡単に崩壊します。良くも悪くもリーダーの影響力が大きいと言えます。

縦の関係においては、支配する側と支配される側の構図が自然とできあがります。その結果、権威主義が横行し、権威によって人が支配されます。

権威による支配は、時として面従腹背を招き、組織の機能を失わせます。

また、上司と部下の関係は本来、「役職が異なるだけの関係」であるにもかかわらず、人として上か下かのようなある種の差別意識を生み出してしまうこともあります。

縦の関係によるこれらの弊害が、パワハラやイジメなどの問題を引き起こしているのではないかと、私は思っています。

まず、現場レベルで「横の関係」をつくる

「縦がダメなら、横にしたらいい」という単純なものではありません。

大多数の会社は、縦の関係をベースにしたピラミッド構造になっていて、すぐさま

水平型の組織構造に変えるのは困難です。

ではどうしたらいいのか？

ピラミッド構造は変えられなくても、**現場レベルで「横の関係」をつくることはできます。**

上司と部下がコミュニケーションを取る際に、意図的に「横の関係」をつくるのです。

「横の関係」とは、上下関係ではない水平関係です。

水平関係とは、すなわちパートナーシップの関係。

お互いが一人の人間として、対等にコミュニケーションを取ることを意味します。

実はピラミッド構造そのものが悪いわけではありません。役割と責任の分担に徹すれば、歪んだ上下関係はつくられないはずなのです。

本田宗一郎が残した名言があります。

「社長なんて偉くも何ともない。課長、部長、社長も、包丁、盲腸、脱腸も同じだ。要するに符丁（仲間内での呼び名）なんだ。人間の価値とは全く関係がない」

社長は社長、上司は上司としての役割と責任を果たす。部下も部下としての役割と

輪の構造

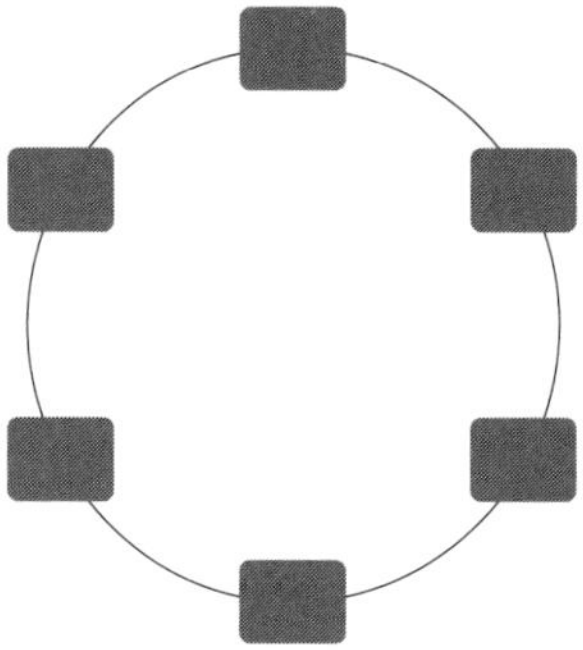

筆者作成

責任を果たす。

それだけです。

人間的に社長や上司が部下より偉いわけではありません。

最近では、このような考え方をする企業も徐々に増えてきて、フラットなティール型組織をつくっていこうとする試みがよく見られます。

横の関係を図にすると「輪の構造」になります。輪の構造は、「フラットな関係」から成り立っています。

輪の構造は、縦関係のピラミッド構造とは異なり、役割や責任の所在を明確にしておかなければ意思決定が遅くなり、物事が進まないというデメリットがあります。

他方、輪の構造は、トップダウン型の指示命令を主体とするマネジメント構造ではなく、上下関係に縛られない自由さがあることから、次のようなメリットがあります。

・各人が主体的に行動しやすくなる
・各人の専門性や能力が発揮しやすくなる
・忖度のない議論や意見交換ができる
・パートナーシップ関係でラポールが深まる

輪の構造がもたらす横の関係は、**役割と責任分担による協働関係**です。

この関係性によって、上司と部下はフラットなコミュニケーションを取ることが可能となり、お互いに一人の人間として尊重しあえる関係が育まれるのです。

「縦の関係」のフィードバックは機能しない

縦の関係は、上下関係に起因する心理的な差別意識を生んだり、指示命令型のマネジメントによって主体性の発揮が損なわれたり、対等で自由なコミュニケーションが取りにくくなるなどの弊害があります。

そのため、縦の関係でフィードバックを行うのは効果的ではありません。

一方、横の関係は、主体性が発揮されやすい、パートナーシップ関係によってラポールが深まりやすい、心をオープンにして率直にコミュニケーションが取れるなど、フィードバックを行うにはベストな状況をつくってくれます。

次の例を比べてみてください。

×「田中さん、言われたとおりにやってもらえますか？」（縦の関係）

○「田中さんなら、どのようにやっていきたいですか？」（横の関係）

縦の関係のパターンは、イエスかノーかを答えざるを得ないクローズドな質問です。命令的でもあり、相手に心理的負担も与えます。

対して、横の関係のパターンは、自由に考えることができるオープンな質問です。主体性を発揮させる機会にもなります。


ピラミッド構造の組織であったとしても、現場レベルで横の関係はつくれます。

上司と部下の関係に、人としての上下関係はありません。

お互いに学び合い、協力し合える横の関係をつくっていく。

横の関係をつくることが、部下の成長だけでなく、上司の成長にもつながっていくのです。

仕事ではなく「人」にフォーカスする

「与えられた仕事を遂行するのが、君の任務だ」


職場でよく見かけるシーンです。

当たり前のことのように感じるでしょう。でもすこしだけ考えてほしいのです。

「仕事のための人なのか、人のための仕事なのか」

唯一の正解があるわけではないですが、人生の大半の時間は仕事に費やされます。

だからこそ、振り返ってみる価値はあるでしょう。

実は私が会社組織から離れ、独立起業した理由の一つは、「人のための仕事」という考え方を大事にしたかったからです。

会社の期待に応えるために与えられた仕事をやるのは「仕事のために自分が使われている」ということで、その仕事ができるのなら、結局誰でもいいのだと、悟ってしまったのです。

仕事とはそういうものだと割り切ればいいだけの話かもしれませんが、

「会社での自分の存在意義はいったい何なのか？」

「結局は組織の歯車にしか過ぎないのか？」

と真剣に考えはじめたとき、そのように割り切って貴重な人生を費やすのは我慢できませんでした。

ここに2つの考え方があります。

一つは「**仕事に人を合わせる**」という考え方です。

仕事に人を合わせるという考え方は**仕事中心の発想**です。

与えられた仕事を人が遂行する。つまり「仕事が起点」になります。

仕事中心の発想の例として、「適材適所」という考え方があります。

適材適所は、仕事に人を合わせる考え方の典型的な事例です。人事制度の方策として多くの会社が適材適所を取り入れています。

適材適所は上手くいけば、得意とする能力を活かせることで仕事の成果が出やすい、モチベーションが維持できる、会社から評価されやすい、などといったメリットがあると言われています。

対するデメリットとしては、

- 適性がマッチしない場合、余計にストレスになる
- 適性判断を誤った場合、会社や配属先に対して不満を抱える
- 顕在的な能力だけに注目されがちで、潜在的な可能性をつぶしてしまう

などが挙げられます。

能力があること＝適所というわけではありません。

結婚や子育てといったライフイベントが契機となって仕事に対する価値観が変化することもあります。

実際、適材適所は、なかなか想定通りにはいきません。そもそも見極めが難しく、配置人数の制限といった物理的制約もあったりするからです。


「仕事中心の発想」のもう一つの落とし穴は、**ＡＩ（人工知能）の進化**です。

ご存じの方も多いとは思いますが、オックスフォード大学のマイケル・オズボーン教授らが、「２０５０年までに今ある仕事の半分がＡＩなどの進化によって機械に代替される」と論文『雇用の未来』（２０１３年）で発表し、世界に衝撃を与えました。

ＡＩの進化のスピードは、論文が発表された当時よりも早くなっており、今後10〜20年以内に多くの仕事がＡＩの進化によって奪われるとも言われています。

仕事が機械にどんどん代替されていくというのは、仕事中心の発想が行き着く終着点です。

多くの仕事がＡＩの進化によって奪われていく現実を目の当たりにしたとき、人が仕事をする意味は何なのか？　その点について考えざるを得ません。

ＡＩの進化は止められませんが、今だからこそ、仕事中心の考え方について、見つめ直す必要があるのではないでしょうか？

人を中心に考える

「仕事に人を合わせる」という仕事中心の考え方について触れてきましたが、もう一つの**「人に仕事を合わせる」**という考え方について考察したいと思います。

日本企業の実態を見ると、仕事に人を合わせる「仕事中心」の考え方が横行しています。会社中心の考え方をしている経営層は、利益を上げるために与えられた仕事を人にさせるのは当たり前ということになるのでしょう。

経営上やむを得ないこともあるかと思いますが、「果たして本当にそれでいいのか？」と真剣に考える必要があります。

では、「人に仕事を合わせる」とはどういうことなのか？

人に仕事を合わせるとは、仕事中心の考え方とは対極の「人中心の考え方」をいいます。

仕事が起点でなく、人が起点となります。

具体的には、**「人の成長にフォーカスする」**ということです。

仕事ありきではなく、人ありきの考え方です。**仕事は人を成長させる機会であり、人が成長することによって仕事も発展していく**という発想です。

冒頭の私が起業したきっかけの話に戻りますが、私は現在、コーチングという仕事を生業にしています。

コーチングは、人の変化や成長を支援するのが大きな目的の一つです。

ですが、ティーチングやコンサルティングとは異なり、一方的に答えを与えたりするようなことは基本的にしません。

その代わりにコーチングでは、「あなたはどうしたいのか？」「あなたはどう考えるのか？」という視点に立って、答えを与えるのではなく、「自分という人間を起点に全てが始まる」という考え方を大切にします。

つまり、仕事に自分を(無理に)合わせるという発想ではなく、「自分が仕事を通じてどう成長したいのか」という「人のあり方」を大切にした考え方に基づいているのです。

私がコーチングを生業にした最大の理由は、ここにあります。

経済合理性や利益至上主義を追求しすぎた結果、人が大切に扱われない人間不在のマネジメントや働き方がまかり通っています。

幸せになるために働いているはずなのに、不幸せな働き方をさせられている。

そんな不都合な真実を黙って見過ごしたくはなかったのです。

人を中心に置く考え方に立ち返るならば、人を組織の駒のように扱うことはしないと私は思うのです。

一人の大切な人間として社員を扱うはずです。

パワハラやイジメはあり得ない。

仕事で社員が潰されるということもあってはならないはずなのです。

社員の成長をサポートすることは、社員を大切にすることとセットです。

部下のことを理解もしないで、上司が無理難題を押しつけ「お前の成長のためだ」と言ったとしても、それは成長をサポートしていることにはなりません。

また、人は成長していく過程で価値観も変化していきます。

以前、部下はああだったから、今も同じだろうと早計に考えてはいけません。

だからこそ、上司は部下とのコミュニケーションを取り続け、部下を理解し続ける必要があります。

人に焦点を当てるフィードバック

仕事に焦点を当てたフィードバックは人が置き去りにされますが、人に焦点を当てたフィードバックは人の成長を促します。

たとえばこんな感じです。

部下が慣れない仕事で行き詰まっているとします。

「早く仕事に慣れるように頑張りなさい」（仕事に焦点）

「今の困難を成長の機会と捉えられたら、どうだろう？」（人に焦点）

仕事中心のフィードバックは、とにかく仕事をやらせることに焦点が置かれるのに対し、人中心のフィードバックは「どうしたらその人が成長できるだろうか？」という視点で問いを投げかけます。

ちなみにアドバイスではなく、「問い」を投げかけるほうが望ましい理由は、自ら考え行動できることを促すという目的があるからです。

仮に相手が答えを持っていないとしても、まずは「問い」を投げかけて、自分で考えて答えを出すという習慣を身につけることが大切です。

フィードバックには様々な形態がありますが、主体性がますます重視される時代となってきているなかで、「問いかけ」をベースとしたフィードバックは極めて効果的だと私は思っています。

以上、「仕事中心の考え方」と「人中心の考え方」について見てきました。

今の日本の現実を見れば、仕事中心の考え方で会社が動いているのが多勢でしょう。

だからといって、そのままでいいかと問われれば、イエスとは言い切れません。

仕事中心の考え方による様々な「負の影響」が確実に存在するからです。

人間はロボットではありません。

仕事のために人があるのではなく、人のために仕事があるのです。

AIの進化が進んでいく中、これまで漠然と捉えていた「人間の役割」と「機械の役割」の違いについて、改めて真剣に考える必要があります。

これまでの仕事中心の考え方から、人間を中心とした考え方に視点を移したとき、これからの会社のあるべき姿が浮かび上がってくるのではないでしょうか。

部下に「任せる」勇気

部下に仕事を任せられない上司は多いです。

個人的にも経験があります。

私がまだ経験の浅い部下の立場で仕事していた頃のことです。

私だけではなく、その上司の部下全員がそうでしたが、上司が仕事を任せてくれないのです。

こと細かに仕事の進捗をチェックされる。メールもやり取りも全てｃｃで共有するように指示される。言われたとおりにやらないと仕事ができない人間とレッテルを貼る。こんな上司のもとで働くのは嫌だと大半の部下が思っていました。

上司の立場に立ってみると、部下に仕事を任せられない理由はいくつかあります。

多く聞かれるのは、「自分でやったほうが早い」、「任せられるレベルになっていない」「部下が失敗すると責任を取らされる」などです。

ひと言で言えば、**部下のことを信じていない**ということです。

任せてくれない上司に対して、部下はどう思っているのでしょうか。

私自身もそうでしたが、信じてくれていない、認めてくれていない、と感じてしまうと、自信がなくなり、やる気も失せるという悪循環になります。

上司の不安も理解できますが、部下に仕事を任せることができなければ、部下は育ちません。上司も仕事を抱え続けることになり、マネジメントは崩壊するでしょう。

部下を信じるとはどういうことか？

そもそもですが、上司が部下のことを信じていなければ、任せることはできません。

最初の重要な鍵は、**「任せる前に信じる勇気をもつこと」**です。

人を信じるとき、誰しも不安になります。時に裏切られたり、騙されることもあるでしょう。人間は完璧ではありません。ロボットではないですから、完璧を期待するのは間違っています。

人は常に変化していくものですし、感情に起伏があったり、矛盾だらけだったりします。

そのことをまずは理解すべきです。

そのうえで大事なことは、**「信じて手放す」**です。

部下のことを信じるけれども、期待は手放すということです。

期待値に届かない、期待が裏切られる、なんてことは日常茶飯事です。

期待したくなる気持ちはよくわかりますが、期待していいことはあまりありません。

期待を手放す代わりに、部下のことを応援し続けることが大切なのです。

部下を応援し続けることで、部下は自分のことを信じてくれていると感じます。

信じていなければ、応援することはしないからです。

また、応援されることで見守られているという安心感も得られます。

「責任を取る覚悟」を持つ

部下のことを信じて応援し続ける。期待は手放す。

それができたら、次は**「任せる勇気を持つ」**ことです。

任せる勇気とは、**「責任を取る覚悟」**のことです。

全ての責任を全て取るということではありません。全責任を取るのは、トップである社長です。

上司には上司としての責任があります。そして、部下には部下としての責任があります。それぞれの役割に応じた責任をしっかり果たす。

それだけです。

上司が部下の責任を全て負うというのは、聞こえはいいですが、本来は間違っています。

部下には部下としての責任を果たしてもらうことで、一人前のビジネスパーソンとしての自覚が生まれます。

そもそも無責任に仕事をさせることは、その仕事をする権限を与えていないに等しいわけですから、許される話ではありません。

「任せるとは、責任を取らせる」ことでもあるのです。

上司が部下に仕事を任せるときは、そのことを部下にしっかりと伝える必要があります。それが上司としての責任でもあります。

上司が部下の責任を全て負うのではなく、「部下に責任を取らせる覚悟を持てるか」が任せる勇気なのです。


私がＪＩＣＡに勤務していたときの話です。

事業部に勤務して3年目の若手部下が「部下のミスは上司が責任を取るのではないですか？」と、直属の上司に声を荒らげるような勢いで訴えたのです。

ことの経緯は、その部下が担当していた新規プロジェクトで人間関係のトラブルが発生し、プロジェクトが一時的に頓挫するような事態に陥ったことがきっかけでした。

実はそのトラブルは、その部下が現場の関係者に伝えなくてはならない情報を事前に伝えなかったことが原因で起こったものでした。関係者に対して丁寧にフォローしなくてはならないのに、プロジェクト責任者であるその部下は雑な対応をしてしまったのです。

その結果、現場の関係者の反発を買ってしまい、これ以上は自分で対応できないので、トラブル対応を引き受けてほしいと上司にＳＯＳを求めたのです。

周囲は一瞬凍りついたような雰囲気になりました。

上司は落ち着いた口調でその部下に言葉を返しました。

「そう思うのはわかるけど、そうではない。自分の仕事に対する責任は自分で果たすんだ。それができなきゃ、自立できたことにはならない。自分で責任を持てるからこそ、その仕事をやれる権利があるんだよ」

自分の仕事に対して自分で最後まで責任を果たすという姿勢がいかに大事なことかを知った瞬間でした。

上司と部下の役割は異なります。それに応じて、責任の分担も異なります。

上司としての責任は、上司の役割に応じて決められるものです。

たとえば、プロジェクト全体の進捗管理、全体戦略の策定、全体予算の管理、部下の育成などに関する責任です。上司の役割は様々ですが、部下レベルの役割とは異なる上司として相応しい役割に応じた責任です。

上司は上司としての責任を全うすることに集中するだけです。不必要に部下の責任を負うことは、部下の成長を妨げるもとになります。

上司が部下に気にいられようとカッコつける必要はありません。

大切なのは部下の成長を応援することです。

そのためにも、「部下に責任を取らせるという勇気を持つこと」が上司としての大事な責務なのです。

「任せられる部下」を育てる3つのポイント

部下に仕事を任せるには、部下を信じて期待を手放し、部下を応援し続けることが大事であるとお伝えしました。

このことを具体的なフィードバックのレベルに落としこんだとき、大事なポイントが3つあります。

最初のポイントは、**「上司は答えを与えない」**です。

特に「一から十まで教え込むような答え」を与えると、上司の凄さを見せつけられたような感じになり、部下は逆に自信をなくしてしまいます。

上司は仮に正しい答えを持っていたとしても、その答えは与えずにオープンクエスチョンで部下に考えさせることが大事です。

上司の腕の見せどころは、「こうするのが正解だ」と正しい答えを与えることではなく、「あなたなら、どうする?」と問いを投げかけて部下の主体性を引き出すことです。

2つ目のポイントは、**「部下に完璧を求めない」**です。

完璧主義の弊害については、第1章でもお伝えしましたが、仕事のスピードが落ちる、心理的ストレスが高くなるなど弊害だらけです。

完璧主義は、マイクロマネジメントを招き、部下のやる気を削いだり、自信をなくさせるだけでなく、上司にも負担がかかります。

5~7割程度の完成度でまずはOKとし、その都度、軌道修正をしていくほうが効率的です。

最後に3つ目のポイントは、**「成果のイメージを事前に共有しておく」**です。

部下に仕事を任せる際には、野放図に任せるのでなく、最終的な成果のイメージを最初の段階で部下と確認しておくのです。

たとえば、プロジェクトの完成形のイメージ図であるとか、最終報告書などの例、あるいは具体的な成果目標などです。

成果のイメージを事前に共有しておくと、逆算思考で仕事のやり方やスケジュールなどを考えることができます。その結果、チェックポイントも明確になり、フィードバックもやりやすくなります。

いずれにせよ、フィードバックが行える体制をつくっておくことで、部下との情報共有はスムーズになります。

仮に予定どおり物事が進まなくなっても、いつでも軌道修正できます。

「部下を信じることの大切さ」と「任せる勇気を持つことの大切さ」についてお伝えしたかったことは以上です。

部下を信じることができなければ、部下に仕事を任せることはできません。

同時に、期待を手放す勇気と部下に責任を取らせる勇気も必要です。

その勇気を持つ覚悟ができたとき、上司は上司としての役割と責任を果たすことができるのです。

「部下の幸せ」を願っているか？

人は何のために働くのでしょうか？

答えは色々あると思います。ちなみに、内閣府が令和元年に実施した世論調査で判明した上位3位の結果は次のとおりです。

【第1位】お金を得るため（56・4％）
【第2位】生きがいを見つけるため（17・0％）
【第3位】社会の一員として務めを果たすため（14・5％）

圧倒的に「お金を得るため」が働く目的の第1位でした。

あまりに現実的な回答で味気ない感じがしますが、2位以下の回答を見てみると、「生きがい」や「使命」が働く目的として挙げられています。

ちなみに第4位は「自分の才能や能力を発揮するため」で7・9%でした。

おそらくですが、お金を得るためと回答した人も、お金だけを求めているわけではないでしょう（一部そういう人もいるでしょうが）。

お金だけを求めているなら、どんな仕事でもやるでしょうが、多くの人達は「自分に合った仕事」や「自分がやりたい仕事」を選んでいるはずです。

お金を得たいという目的の先には、衣食住を満たすため、家族を幸せにするため、自分のやりたいことを実現するため、などの真の目的が隠されていると思います。

「何のために人は働いているのか？」という問いに対して答えは様々ですが、敢えて一言で答えるならば、**人は幸せになるために働いている**のです。

その理由は、不幸になるために働きたいと思っている人は誰もいないからです。

つい先日のことですが、とある知り合いの方からショックな話を聞きました。

その方は、いわゆるブラック企業に勤めていました。

月の残業時間は余裕で１００時間を超える。有給休暇は取らせない。育休を取ろうものなら左遷になる。職場の雰囲気も殺伐としている。

まともな会社ではありません。

そんなブラック企業には、ブラック上司が必ず存在します。部下が失敗すると怒鳴ったり、嫌味をいったり、ペナルティーとして倍のノルマを課したり、いわゆるパワハラ、モラハラのオンパレード。

その方は身体を病み、長期間の休職を余儀なくされました。

このようなケースは何も特別なことではありません。

大変残念なことですが、ブラック企業やブラック上司は依然として数多く存在しています。

ブラック企業ならすぐに辞めて転職すればいいという人もいますが、転職できる自信がない、会社に迷惑がかかる、会社が辞めさせてくれない、家族が心配する、などの理由があって、働かざるを得ない人もたくさんいます。

幸せになるために働いているはずなのに、不幸せに働き続けている。

そんな歪んだ現実が実在していることに憤りを覚えずにはいられません。

上司の「意図」は、部下に伝わる

人は幸せになるために働きたいと思っています。部下も同じです。

もしもの話ですが、上司が部下の不幸を願っているとしたらどうでしょう？

その部下が成長できる可能性は限りなく低くなるに違いありません。

反対に、部下の幸せを願ってくれている上司だとしたら、部下はどう感じるでしょうか？

相手の幸せを願うという「意図」は相手に届きます。

人は相手の意図を言語・非言語の両方のメッセージから敏感にキャッチするのです。

部下の幸せを願っているという意図は、応援メッセージとして部下に届き、上司と部下との間に深いラポールをつくります。

深いラポールがつくられると、部下の上司に対する信頼度は高まります。

信頼していない人が何を言っても心に響きませんが、信頼している人の言葉は心の奥まで届くように、上司の信頼度が高まると上司の言葉の影響力は強くなります。

当然、（上司の信頼度が高まれば）フィードバックが部下に与える影響も強くなります。

信頼度が高まれば高まるほど、相手に対する影響力が高くなるという原理は、部下を持つ上司として理解しておくべきことです。

なぜ「管理職になりたくない部下」が増えるのか？

上司は部下の幸せを願うだけではありません。

上司自身も幸せになることが大事です。

その理由は、自分自身が幸せでなければ、相手を幸せにすることはできないからです。自分が不幸せなのに相手の幸せを願うことは難しいのです。

私が銀行員だった頃、衝撃を受けた出来事がありました。

直属の上司はもとより、先輩たちの多くが、「こんな会社辞めたい」「辛くて仕方がない」と口癖のように言っていたのです。

幸せそうな上司や先輩は一人もいませんでした。

その衝撃の事実を目の当たりにし、「入る会社を間違えた」と入社早々に思いました。

幸せそうな上司や先輩がいない会社にいても自分は幸せになれないだろうと悟り、結果、私は1年で銀行を退職しました。

ここ数年、人事における大きな課題となっているのが、「管理職になりたくない部下が増えている」という事実です。

2020年2月にマンパワーグループが調査した結果によると、なんと正社員の8割以上が「管理職になりたくない」と回答しています。

一番の理由は「責任が重くなる」で、他には「仕事の負荷が高い」、「面倒そうな調整業務」、「報酬面でのメリットが少ない」などが理由として挙げられています。

「上司になると大変そう、辛そう」と部下から思われているということです。

要するに「上司が幸せそうには見えない」のです。

上司が幸せそうに見えなければ、当然、部下は上司になりたいと思いません。

上司自身が幸せにならなければ、部下から次の上司は生まれてこないのです。

管理職になりたがらない部下が増え続けると、上司の負担は増え続けます。

それは不幸な上司を生む「負のサイクル」となります。

結果、会社は衰退していくことになるでしょう。このような状況を見過ごすことはできません。会社側も、幸せな上司を増やしていくための方策を真剣に検討し、歪んだ現状を改善していくべきです。


人は幸せになるために働いています。

部下も上司も同じです。

上司が部下の幸せを願えるように、上司も幸せになっていく。

幸せの輪を循環させていくことも、上司の大切な使命の一つだと思うのです。

コラム

「客観性と主観性」の視点から行う フィードバック

本書では、「問いかけ」型のフィードバックの事例を中心にお伝えしていますが、問いかけ型以外の「相手に深い気づきを与える2つのフィードバック」の手法について解説します。すぐに使える非常に効果の高い手法ですので、ぜひ試してみてください。

では早速、それぞれの手法について説明します。

客観的フィードバック

客観的フィードバックは、主観を交えずに「事実をありのまま伝える」手法です。

具体的には、

「今日はずっと腕組みしたままだったね」

「『でも……』という言葉が多かったね」

このように客観的な事実を相手にそのまま伝えるだけですが、相手はその事実を聞いて「えっ、そうだったの?」とはじめて自分の状態に気がつきます。

人は、自分自身のことに気がつかないものなのです。

「でも……を何回も繰り返していたよね」とフィードバックされてはじめて、本人はいかに言い訳ばかりして、行動に制限をかけていたかに気づいたりするわけです。

客観的フィードバックは、シンプルに客観的事実だけを伝えるだけでよく、余計な解釈は挟まないことがポイントです。

○「でも……を何回も繰り返していたね」
×「でも……を何回も繰り返していたね。言い訳ばかり考えている証拠じゃない?」

余計な解釈を加えると、たとえ、その解釈が当たっていたとしても、相手の気を悪くしてしまう可能性があります。

客観的事実だけを伝えることにより、本人が「何か」に気づくことが大事なのです。

主観的フィードバック

主観的フィードバックは、客観的フィードバックとは異なり、「感じたことをそのまま相手に伝える」のが特徴です。

主観ですから解釈が含まれます。そのため、相手とのラポールを崩さないように「私が今感じたことをそのままお伝えしてもいいですか？」と事前に相手の許可を取ります。主観的フィードバックは、相手の心にグサッと刺さり過ぎてしまう場合もあるため、事前に許可を取っておくのです。

では、例を見てみましょう。

「本当は今の仕事が好きではないのでは？　と私は感じたのですが」

主観的なフィードバックの内容が実際に「当たっている」かどうかは重要ではありません。

フィードバックを受けた相手が、「何を感じ、何に気づいたか?」を振り返り、自分では気づくことのできなかった真実や感情を知ることが大事なのです。

最後に主観的フィードバックを行う際のポイントを2つお伝えします。

一つ目のポイントは、「……のように」とか「……では?」とか「……かも?」のような表現を使って、断定的な表現を使わないということです。

断定的な言い方は、相手の感情を害してしまう可能性があるからです。

もう一つ大事なポイントは、「私」を主語にして、あなたを主語にしない、ということです。

「Iメッセージ」とも言いますが、「私は」を明確にすることで、あくまで個人的に感じたことであり、一つの見方であることが伝わりやすくなります。

○「あなたはまだ不安がっているのでは?　と、私は感じました」(Iメッセージ)

×「あなたはまだ不安がっているように感じます」(YOUメッセージ)

「あなたは」を主語にしてしまうと、「私」以外の第三者も含まれているように感じられるので、断定的な物言いとして伝わる可能性があるので気をつけましょう。

第3章

「ロジカル上司」に部下がついてこない理由

——感情の法則——

ロジカルかつ冷静に仕事を進め、結果を出すこと。

それはスマートで理想的ですが、現実にはそうはいきません。

「うまくいくかどうか不安」

「失敗してしまって恥ずかしい、情けない」

「焦りや不安で心に余裕がなくなる」

人間は感情の生き物であり、部下は常にこうした不安にさらされています。

第３章では、部下の感情に寄り添い、仕事を円滑に進めるための

フィードバックをご紹介します。

ロジックよりも「感情」を大事にせよ

ビジネスの世界ではロジックが重要とされています。

ロジックとは、ある結論に至るまでの理路整然とした思考の道筋（論理）のこと。

ロジックから派生した「ロジカルシンキング」（論理的思考法）は、必須のビジネススキルとも言われており、仮説思考、三段論法、演繹法、帰納法、ＰＤＣＡなど様々なビジネスシーンで活用されています。

ロジック（あるいはロジカルシンキング）がビジネスの世界で必要とされている理由は、主に2つです。

一つは、**「課題解決のため」**です。

仕事をしていれば、ありとあらゆる場面で大なり小なりの問題が生じます。

そのような場合、問題の原因は何かについて解決策を見つけ出していく必要があります。

たとえば、営業第一課の売上高が、営業第二課と比べて半分であった場合、営業手法に違いがあったのか？　マンパワーの違いか？　あるいはコントロールできない外部条件が発生したのか？　など、原因を特定していきます。

原因が特定できたら、具体的な解決策を検討することになりますが、原因分析や解決策の検討において、論理的に物事を考えるプロセスは極めて重要です。

もう一つの理由は**「円滑なコミュニケーションのため」**です。

ビジネスシーンにおけるコミュニケーションでは、相手にわかりやすく伝えることが大切です。報連相やプレゼンなどの場面はまさにそうです。商談の場面であれば、論理的に説明することで、交渉を有利に進めることができます。

ロジカルであれば、共通理解を得られやすい。

ロジカルの反対は「支離滅裂」であることからも、ビジネスにおいてロジックが重視されるのはある意味当然です。

ロジックの落とし穴

ロジックがビジネスの世界において重要であることに疑いの余地はありません。

一方、現実をよく観察してみると、人はロジックで動かないことが多々あります。

たとえば、「○○だから、こうしたほうがよい」と論理的に正しいアドバイスを受けた場合、好きな上司と嫌いな上司とでは受け取り方がかなり異なるはずです。

好きな上司なら、素直にアドバイスを受け入れたくなりますが、嫌いな上司であれば、「なんでそんなこと言われなきゃならないの?」と反発したくなります。

お互いにアドバイスしている内容は全く同じで論理的にも正しいのに、なぜこんなことが起こるのでしょうか?

その理由は**「人は感情のいきもの」**だからです。

人は必ずしもロジックで動くわけではありません。

突き詰めれば、人は感情で動きます。好きなことはやるし、嫌いなことはやらない。「好きか嫌いか?」という、とてもシンプルな行動原理です。先ほどの例もこのような原理が働いています。この原理は、第1章のページで紹介した人間の行動原理の図と同じメカニズムになっています。「好きか嫌いか?」というのは「価値観」です。人は様々な価値観を持っていて、価値観がフィルターとなり、様々な感情が起こります。

たとえば、「読書は大切」という価値観を持っている人は、本を見ると「読みたい!」という「快の感情」が発生し、本を購入するという「行動」を取ります。その結果、読書するという結果に至ります。

「ある感情がある行動を引き起こす」というメカニズムですが、ある感情を引き起こすのは「価値観」というフィルターです。

このメカニズムを理解しておくと、ロジカルではない不可解に見える人の行動も理解できます。

ロジカルに説明して、議論で相手に勝ったとしても、「相手が言うことを聞いてくれない」ことは多々あります。

私自身の痛い経験ですが、妻に対して論理的に説き伏せた際、「私はあなたの部下じゃないんだから、あなたの言うとおりに従うと思ったら大間違いよ！」と反発を食らったこともあります。

まさに「**議論に勝って勝負に負ける**」です。

ロジックで全て上手くいくのであれば、誰も苦労はしないのです。

心の扉は「内側」からしか開かない

ロジックは非常に効果的なコミュニケーションツールである反面、ロジックだけでコミュニケーションが取れるわけではありません。

「議論に勝って、勝負に負ける」ことが往々にして起こるように、論破できても、相手の感情を害せば、関係性を悪化させます。

とりわけ、直感的な人や感性で行動するような人とのコミュニケーションにおいては、ロジックが通用しないことも多々あります。

そんな場合どうしたらいいのか？

重要な鍵は**「相手の心を理解する」**です。

心とは、「感情」あるいは「気持ち」とも読み替えられますが、相手の心を理解することがロジックを超えたコミュニケーションの鍵となります。

相手の心を理解するためには、**相手をよく傾聴して、相手を受け入れる**ことです。

感情を司るのは「価値観」ですから、「相手が大切にしていることは何だろうか？」と相手の価値観を理解しようという姿勢がとても大事です。

相手を深く理解すればするほど、相手とのラポールは深まります。

以前、「職場で部下にロジカルに説明してもなかなか言うことを聞いてくれない」と嘆いていた管理職のクライアントさんがいました。

そこで私は「部下に本当はどうしたいのか？」をとことん傾聴してみるようお伝えし、その方に実際に試してもらったのです。

約1ヶ月後、その方から報告がありました。

「部下のことを何も理解できていなかったことを反省しました。部下は自分の考えや思いを聞いてもらったことがとても嬉しかったようです。その後、私の説明にも耳をよく傾けてくれ、進んで行動してくれるようになりました」

ラポールが深まれば相手は心を開いて、こちらの話も受け入れてくれるようになるのです。

「心の扉は内側からしか開かない」

著名な臨床心理学者カール・ロジャーズの言葉です。

外からロジカルに理解させようとしても、感情が邪魔をして受け入れてくれません。

真のコミュニケーションというのは、**外側からではなく、内側から働きかける**ことによって成り立つのです。

フィードバックにおいても、この原理は同じです。

たとえば、目標値に達していない理由が、明らかに行動量の不足である場合、

「行動量が足りてないので、もっと行動量をあげる必要がありますね」

とロジカルにフィードバックしても、部下に反発される場合があります。

他方、心の内側に向けてフィードバックするとこのような言い方もできます。

「行動量を上げられるとしたら、どのような工夫ができますか？」あるいは
「もし何か困っていることなどがあれば、教えてくれませんか？」

部下は目標を達成できなかったことに「恥ずかしい」、「情けない」、「辛い」など何らかの感情を抱いています。

部下の感情に寄り添いながらフィードバックすることで、部下の心の扉は開いていきます。

その結果、そのフィードバックは深く部下の心に届くのです。

ビジネスの世界でロジックが重要な役割を果たすことは言うまでもありません。

他方、お伝えしたようにロジックだけでコミュニケーションは成り立たないのも事実です。

「議論に勝って、勝負に負ける」では、相手との関係性を壊す可能性があります。

関係性を壊してしまっては、ビジネスそのものができなくなります。

ロジックは大事です。

ですが、感情を理解するということは、もっと大事なビジネススキルです。

「人間は感情のいきものである」という原理を理解することが大切なのです。

「アメとムチ」のメリット、デメリット

「アメとムチ」と聞いてどんなことを思い浮かべるでしょうか。

この「アメとムチ」という言葉、もともとは、ドイツ帝国時代に宰相ビスマルクが行った社会保障政策が揶揄されたことで生まれた言葉とも言われています。

ビスマルクは、社会の貧困をなくすために社会保障制度を充実させた一方で、社会主義的な結社を禁止する社会主義者鎮圧法を制定しました。つまり、社会保障制度が「アメ」で社会主義鎮圧法が「ムチ」というわけです。

その後、「アメとムチ」は国家の政策のみならず、あらゆる組織において人をコント

ロールする手段として用いられてきました。

コロナ禍の飲食業に対する要請で、営業時間の短縮や酒の提供をしないお店に対しては給付金を支給し、要請に応じないお店に対しては罰金を科す、というのはまさに「アメとムチ」の政策です。

指導者が思うように人を動かしたい場合、「指導者の意図に沿った行動を取れば報酬を与える、反対に意図に沿わない行動を取れば罰する」という戦略を取ることがあります。

このような場合、指導者の下にいる人達は、「何をすれば報酬が得られるのか」、「何をすれば罰を受けるのか」を経験的に学習し、指導者の意に沿った行動を取るようになります。

要するに**「条件づけ」**されるわけです。

会社では、昇給や昇格という「アメ」で働きたくなるように仕向けられ、成果を出せなければ減給や降格という「ムチ」で働かざるを得ない状況に追い込まれるという仕組みです。

会社勤めの人が時として「社畜」と揶揄される所以です。

このように、「アメとムチ」は、良いことをすれば褒める、悪いことをすれば罰するという、「万人にとってシンプルな方法で動機づけができる」ことから、今でも多くの会社や組織で使われているのです。

「アメとムチ」は、外部から条件づけして人を動かすことから、**「外発的動機づけ」**とも呼ばれます。

外発的動機づけが機能する要因は「条件づけ」です。

条件づけのデメリットは、人間はすぐに条件づけに慣れてしまうということです。条件づけに慣れてしまうと、条件どおりに動かなくなるのです。

そのため、アメの効果を持続させるには、アメをアップグレードし続けなくてはなりません。給与を上げ続ける必要があるのはそのためでもあります。

給与が上がらないとやる気が失せるというのは誰でも感じたことがあるでしょう。

対して、ムチを与え続けるとどうなるか？

ムチを受けたくないと仕事を頑張っていた人も、何度もムチを受け続けていくと「自分は何をしてもムチを受けるのだから、いっそ何もしないほうがいい」という「学習性無力感」の状態を招く恐れがあります。

上司の役目は「内発的動機づけ」を行うこと

人は何も「アメとムチ」のような外からの刺激（外発的動機づけ）だけで動くわけではありません。

誰にでも経験があると思いますが、「やりたいからやる」、「楽しいからやる」のような自分の内側からの刺激で行動する場合があります。

これを**「内発的動機づけ」**といいます。

好奇心、探究心、向上心など、本人の内部から発生する内発的な動機によって行動が促されるということです。

内発的動機のメリットは、条件づけされないことから、自ら進んで行動して結果を出そうとすることです。

給与などの外発的動機づけは、条件が変わることで転職されてしまったりするわけですが、「やりがい」や「自己実現」といった内発的動機に基づく行動は、極端な場合を除いて条件が変わろうとも、ずっと継続されます。

また、外から条件を課されない内発的動機づけは、創造性を育みやすく、社員一人ひとりが個性を発揮しやすくなるというメリットもあります。

一方、内発的動機づけのデメリットは、全ての人にとって共通の方法で動機づけすることが難しいという点です。人それぞれ好奇心や向上心に違いがあるので、十把一絡げに対応できないのが難点です。

「アメとムチ」のような外発的動機づけは、共通の基準（昇給、昇格、減給、降格など）が設定しやすく、シンプルな構造であることから、組織的に対応しやすいのは事実です。

ただし、「アメとムチ」だけで上手くいくかと言えば、そうではありません。

そこで登場するのが「内発的動機づけ」ですが、内発的動機づけは万人に共通するようなアプローチを取ることができないため、個々に対応する必要があります。

従って、上司と部下との関係の中で個別に上司が対応するのがベストです。

内発的動機を引き出すフィードバック

では、フィードバックを使った内発的動機を引き出す方法について見ていきましょう。

たとえば、昇格できないのを理由に仕事に対してやる気を無くしている部下がいるとします。こんなとき、あなたが上司だとしたら、どのようにフィードバックをするでしょうか。

「今は辛いだろうけど、これからも昇格のチャンスはきっとある」(アメ)
「今は辛いだろうけど、頑張らなきゃ降格になるかもよ」(ムチ)

例のように外発的動機に働きかけるフィードバックでは、部下は自ら進んで動こうとはしません。特に「ムチ」を使ったフィードバックは、逆にやる気を削ぎ、行動することをやめてしまう可能性もあるでしょう。

内発的動機を引き出すには、オープンクエスチョンで「自分はどうしていきたいか?」や「何を大切にしたいのか?」という本心に問いかけるのが効果的です。たとえば、

「今の仕事を通じて、これから自分はどうしていきたい？」
「今の仕事で、自分が本当に大切にしていきたいことは何？」

このような「心の内側に問いかけるフィードバック」をします。

心の内面に問いかける質問は、すぐには答えが出てきませんので、じっと待って、傾聴し続けることです。

その場で答えが出てこない場合には、数日あるいは数週間じっくり時間をかけて自分と向き合ってもらうことも必要です。

部下にそうした機会を与えることによって、条件づけされた自分から離れ、「自分はどうしたいのか」、「何を大切にしていきたいのか」という自分の本心に気づいていきます。

仕事を辞めるか続けるかで悩んでいるクライアントさんに、こうした心の内側に問いかけるフィードバックをすると、「お客様の笑顔をもっと増やしていきたい」、「自分の可能性をさらに発揮させたい」のような「内なる動機」に気づきます。

内なる動機に気づくと、外からの条件に振り回されない「自分軸」が確立され、受け身の行動から「主体的な行動」へと変化するのです。

会社という組織の体制上、「アメとムチ」を使ったマネジメントを使わざるを得ないのは仕方ありません。

他方で、私達の多くは条件づけによってコントロールされているということを改めて認識する必要があります。

「社畜」などと揶揄されないよう、自らの意思と選択によって行動できるように心の内側と対話する機会を持つことが必要です。

心に「スペース」をつくる

「うるさい！　邪魔しないでくれ！」

そう叫んだ後、妻と幼い子どもが怯えた目で私を見つめていました。

そのシーンを思い出す度に、私はいたたまれないほど辛い気持ちになります。

当時私は30代半ばの働き盛りの頃で、仕事で成果を出して認めてもらおうと必死になっていました。同時に家族を守らなければならないというプレッシャーも感じていました。

その結果、時間に追われ、心に余裕がなくなり、家族に罵声を浴びせてしまったのです。

それは一度や二度ではありません。心に余裕がなくなる度に起こりました。

あんなことはもう二度と起こしたくないと反省しています。

なぜ心に余裕がなくなるのか？

世の中には、常人では考えられないくらい多くの仕事を抱えているにもかかわらず、余裕で働いている人がいます。そんな人は、もともと能力が高くて、仕事ができる人だからという人もいますが、そうではありません。

能力が非常に高くて仕事ができる人でも、余裕のない人はたくさんいるからです。

それとは反対に、少しの仕事しかやっていなくても、余裕のない人は大勢います。

いったい何が心の余裕をなくさせるのでしょうか？

心の余裕を奪う大きな原因の一つは「思い込み」です。

特に心の余裕を奪う「思い込み」は、「**べき**」と「**ねばならない**」です。

「報告書は漏れがないよう完璧に作成すべき」

「今週中に絶対に仕事を終わらせなければならない」

「べき」と「ねばならない」という思い込みは、自ら自分を追い込んで、過剰なストレスを発生させる原因にもなります。

真面目過ぎたり、期待を裏切りたくないという「思い込み」が強すぎる人などが、「べき」と「ねばならない」にハマりやすく、心に余裕がなくなるわけです。

心に余裕がなくなると、

・冷静に対処できなくなって、ミスを連発する。
・視野狭窄となり、自己中心的に振る舞うようになる。
・人にキツくあたったりして、人間関係の悪化を招く。

など負のスパイラルに陥ります。

このような事態を招かないようにするには、メタ認知能力（自分を客観視して冷静な判断や行動ができる能力）を鍛えるという方法もありますが、時間をかけてトレーニングする必要があるなど、簡単ではないのが実情です。

心に余裕がない状態は、パンパンに空気が張り詰めた風船と同じです。

スペースが全くない状態なので、物事をこれ以上受け取ることができません。

何かのきっかけで風船が破裂する可能性もあります。

破裂したら取り返しがつきませんので、充満しすぎた空気を抜かねばなりません。

この空気を抜き取って、スペースに余裕を持たせるには、**「物理的な負担」**と**「精神的な負担」**の2つを軽減させる必要があります。

「物理的な負担」とは、仕事の量や数の多さからくる負担などを指します。

物理的な負担を軽減することで、心の余裕は増えていくので、できるだけ早く対処することです。

まず部下に対して、「余裕がないときに行動しても、仕事の質が落ちて生産性が下がる」ということを認識させます。このことを認識してもらったら、まずは「余裕が持てる状態をつくることが先決」と伝え、物理的な負担を軽減するためのフィードバックを行います。

その際、重要な指針となるのが**「劣後順位」**です。

劣後順位とは、「やらなくていいことの順番を決めること」です。優先順位とは真逆の考え方です。

心に余裕がないときに、仕事の優先順位をつけても結局全てやる、ということになるので物理的な負担を減らすことはできません。

心に余裕がないときは、まず何よりも「やらなくていいこと」の順位をつけて、仕事の量や数を減らしていくことが重要なのです。

このような理由から、優先順位ではなく劣後順位の考え方でフィードバックを行っていきます。

「やらなくても大して業務に影響がない仕事はないか？」

「本当にその仕事はやる必要があるのか？　やらなかったらどうなるのか？」

このような問いかけで部下の考えや思いを引き出していきます。

部下の考え方は受け入れつつ、「業務に大して影響がない」、「やる必要性が低い」と上司が判断した場合は、不必要な仕事を思い切ってやめさせることが大事です。

物理的な負担を軽減すると同時に、**「精神的な負担」**を軽減することが重要です。

「精神的な負担」とは、自ら自分を追い込んでしまうような「思い込み」のことです。

自分を追い込んでしまう思い込みの典型例が「べき」と「ねばならない」なのです。

この「思い込み」は、仕事の量や数などの物理的状況とは関係ありません。

私自身にも経験がありますが、たいしてやる仕事がないにもかかわらず、「もっと頑張らねばならない」、あるいは十分に成果を出しているのに「まだまだ自分はできていない」と勝手に思い込んで、自ら自分を精神的に追い込んでしまうのです。

このような場合、仮に物理的な負担を軽減したとしても、精神的な負担は軽減されないので、心に余裕を持つことができません。

「ネガティブな思い込み」を軽減するフィードバック

このようなネガティブな思い込みを軽減するには、次の手順でフィードバックをします。

まず、自分を縛りつけている**「思い込みを特定」**します。

たとえば、「もっと努力せねばならない」のような思い込みです。

次に、その思い込みを持ち続けていることで**「損をしていることは何か？」**を考えてもらいます。

たとえば、「毎日が楽しくない」、「常にプレッシャーにさらされる」、「ぐっすり寝られない」、「先が見えない不安に襲われる」など、思いつく限り全て挙げてもらいます。

今度は反対に、その思い込みを持ち続けていることで、**「得していることは何か？」**について考えてもらいます。

たとえば、「自分をもっと高められる」、「将来、人から認められる」、「来年、昇格できる」など、同様に思いつく限り挙げてもらいます。

実は、どんな思い込みにも「隠されたメリット」が存在します。なので一見すると自分を縛りつけているような思い込みでも持ち続けてしまうのです。

「損していること」と「得していること」を挙げてもらったら、両者を比べてもらいます。両者を比べることで、なぜ自分はそんな思い込みを持ち続けているのかについて、客観的に認識できるようになります。

比較してもらった後に「これから何を選択しますか？」と問いかけます。

「損していること」を選択し続けるのか？「得していること」を選択し続けるのか？

じっくりと自分と向き合ってもらうのです。

その際、「損し続けるのはよくないだろ」と上司が誘導するのはダメです。あくまで本人が自分で考えて選択することがとても大切です。

どちらを選択したとしても、本人が納得して選択することが大事です。

この選択のプロセスは、**心の断捨離**です。

心の断捨離を行うことで、精神的な負担を軽減することにつながるのです。

私は管理職のクライアントの方に、この思い込みを軽減するフィードバックの手法を職場で使ってもらうことが多いですが、ほとんどの場合、部下の精神的な負担を軽減させることができたといって驚かれます。

ネガティブな思い込みがどれほど心の余裕を奪っているかを痛感されるのです。

心に余裕がなくなると、様々な負の影響を及ぼします。

生産性の低下、人間関係の悪化、自己嫌悪、ひどい場合には自ら命を絶ってしまうような事態も起こりえます。

張り詰めた風船は、いつ破裂するかわかりません。

もし余裕がなくなったら、スペースが増やせるように、物理的及び精神的な負担を軽減していくことです。

心のスペースをつくることは、部下の能力を発揮させるためにも極めて大事なことなのです。

「未来志向」に切り替える方法

大なり小なり、仕事に困難はつきものです。

困難に直面するたびに、人は大抵、「辛い」、「苦しい」、「逃げたい」という「負の感情」に陥るものですが、中には全く平気な人もいます。

困難に強い人のことを「レジリエンスが強い」といったりします。

レジリエンスとは、もともとは物理学の用語で「外力による歪みをはね返す力」を指し、転じてビジネスシーンでは、「困難に直面しても、へこまずに乗り越えられる力」のことを意味するようになりました。

レジリエンスが強い人は、「良いところに意識を向けている」ことに特徴があります。失敗に出くわしても、「失敗は成功のもと」と柔軟に考えて、気持ちを切り替えることができます。

反対に、レジリエンスの弱い人は、「悪いところに意識を向ける」ことが特徴です。柔軟に考えることが苦手で、気持ちの切り替えが上手くできません。

レジリエンスの話をするときによく持ち出される理論に「ＡＢＣ理論」があります。

ＡＢＣ理論とは、出来事（Activating events）が起こると、その出来事に対して、良いことなのか悪いことなのかといった特定の解釈がなされます。仮に悪いことだと解釈されたら、悪いことだと信じてしまいます（Belief）。

そのように信じた結果として、「楽しい」、「辛い」などの感情が起こり、その感情から特定の行動・結果に至る（Consequence）という理論です。

つまり、同じ出来事だとしても、**「解釈次第で受け取り方は変わる」**ということです。

上司から叱られたとき、「上司に嫌われた」と解釈して、ネガティブな気持ちになる部下もいれば、「上司がちゃんと見てくれている」と解釈して、前向きに頑張る部下もどちらの円が気になるか?

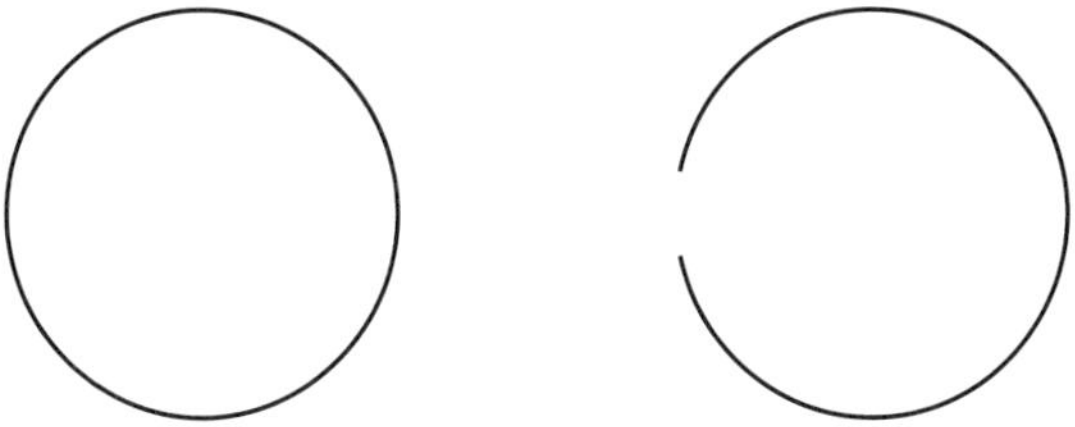

筆者作成

いるということです。

ＡＢＣ理論を持ち出さなくても、「裏と表」、「短所と長所」など物事には二面性があることは、多くの人が知っています。

まさに**「物事は捉え方次第」**なのです。

こちらの図形を見てみてください。

どちらの円が気になるでしょうか？

おそらく、右側の「欠けた円」のほうが気になるはずです。

人間の脳は「欠けた部分」に意識が向けられるようになっています。

「問題のないこと＝欠けていない」は放っておいて大丈夫だけど、「問題があること＝欠けている」は、すぐにでも問題がなくなるように対処したくなる（欠けた部分をなくしたい）ということです。

意図的に「フォーカス」を変える

レジリエンスの強い人は、「良いところに意識を向ける」のが特徴とお伝えしました。

なので、意識の焦点（フォーカス）を変えることができれば、困難に直面しても平然と対処できるということになります。

フォーカスを変えるには、**「質問によって脳に空白をつくること」**です。

たとえば、今ここで一瞬のうちに、あなたのフォーカスを変えることもできます。

次の文を見てください。

「あなたは今朝、どんな朝食を食べましたか？」

今朝食べた朝食が頭に浮かんだはずです。全く脈絡のない質問ですが、質問をするだけでフォーカスは変わってしまいます。

このように、質問を使うことで、どんな方向にもフォーカスを向けることはできますが、困難を乗り切るには、どのような視点で質問を投げかけるかが重要な鍵となります。

その答えは、**「未来志向」**の視点です。

未来志向とは、ネガティブな状態に留まらないで、理想の未来へと導く羅針盤です。たとえば、「この困難を乗り越えたら、どれだけ成長していると思う?」のように、困難を乗り越えた「未来」をイメージして、フォーカスを変えるのです。

脳科学の分野でも言われていますが、脳は「現実」と「想像」を区別できません。たとえば、酸っぱいレモンを丸かじりしているところを想像してみてください。口の中が酸っぱくなり唾液が出てくるなどの身体反応が起こるはずです。

実際にレモンはかじっていませんが、本当にレモンをかじったときと同じ身体反応が起きるのです。つまり、脳は現実と想像を区別できないということです。

この脳の特徴を上手く活用したのが、**「未来志向のフィードバック」**です。

困難を乗り越えた自分を想像してもらうことで、脳は「想像＝現実」の状態を作り出します。

つまり、「できていることが普通」という感覚を作り出せるということです。

「できていることが普通」というのは、未来の先取りです。

困難を乗り越えている未来の自分の姿をイメージすることで、困難を乗り越えられるという感覚が湧いてきます。

私は、クライアントの経営者や管理職の方々が困難に直面されたときには、フォーカスを変えてもらうように「未来志向のフィードバック」を必ず行いました。

そのおかげで、「倒産寸前の状態から立ち直った会社」、「５年先の夢を３ヶ月で実現した起業家」、「コロナで事業が衰退しかけた状態から、新規事業で売上を回復した会社」など、困難を乗り越えた事例が多くあります。

未来志向のイメージが、困難を乗り越えるための行動を促してくれるのです。

困難は避けることができません。

幾度となくやってくる困難を成長の機会と捉えて、未来志向で乗り越える。

未来志向の視点を持つことが、レジリエントな部下を育てることにつながっていくのです。

明確になれば、不安は消える

人は不安な状態になると動けません。

不安になると、能力も発揮できず、パフォーマンスも落ちます。強い不安が続くと、心身にも支障をきたします。

私が独立起業して2年目のことです。

初年度よりも業績を上げようと、新しい事業のプロモーションを始めました。

最初は少しだけ上手くいったのですが、その後はどれほど努力しても上手くいきません。広告費はどんどん膨らんでいき、不安も増大していきました。

もう後に引けなくなって、最後の一発逆転を狙って、広告費をさらに投入し、大掛かりなプロモーションを仕掛けました。

一生懸命に頑張りましたが、たった1件の契約が取れただけで、最後は数百万円の借金を抱えることになったのです。

目の前が真っ暗になりました。

「再就職せざるを得ないかもしれない……」

先が全く見通せなくなり、強烈な不安に襲われて、私はしばらく動けなくなりました。あのとき感じた不安は今でも鮮明に覚えていますが、二度と経験したくはありません。

そもそも人はなぜ不安になるのでしょうか？

プロコーチとして長年、多くのクライアントの不安を解消してきた経験から言えるのは、「見えない」あるいは「わからない」といった状態に陥ると、人は不安を感じやすいということです。

事業に失敗して、これから先が見通せないと不安を感じます。視界不良の霧の中を歩かなくてはならない不安と同じです。私が事業に失敗してしばらくの間、動けなくなったのは、霧の中を彷徨っている感じになり、進むべき方向が見えなくなってしまったからです。

一方、もし事業に失敗しても、先を見通すことができて、どう対処したらいいかもわかっていれば、それほど不安を感じることはありません。

つまり、**「視界良好になれば、不安はなくなる」**のです。

その後、私が強烈な不安から立ち直って、今の自分があるのは、先の見通しが立って、進むべき方向が明確になったからです。

「明確化のフィードバック」で不安を軽減する

経験の浅い部下は、「仕事の内容がよくわからない」、あるいは「どう実践したらいいのかわからない」といった「わからない」不安に直面します。

この「わからない」という状態は、霧が立ち込めて周りがよく見えない視界の悪い状態と同じです。

霧の中ではどっちに進んだらいいかわからないので、とても不安になるのです。

この霧のような状態をなくして、視界良好の状態をつくれば、部下は目指すべき方向に向かって進むことができます。

実は「わからない」には、2つの種類があります。

「知っているかどうか?」の「わからない」と、「複雑で理解できない」の「わからない」です。

前者は、必要な知識を与えるだけで対処できるので簡単ですが、後者は理解できている部分とそうでない部分を分解していく必要があります。

ここでは後者の例を取り上げます。

まず最初に**「分ける」**ということから始めます。

「分ける」というのは、**「理解できているところ」と「理解できていないところ」を明確にする、**ということです。

たとえば、部下が仕事のやり方がわからないで不安になっているとしたら、

「どこまで理解できていて、どこから理解できていないか聞かせてくれる？」

と問いかけ、理解できている部分とそうでない部分を明確に区別させるのです。理解できていない部分が明確になれば、その部分に集中して理解できるように対処できますので、視界不良の状態が改善されていきます。

次のステップは、理解できていない部分にフォーカスして、さらに理解できるには何が明確になったらいいのか？　をどんどん明確にしていきます。

具体的には、

「何が明確になったら、理解できていない部分が理解できるようになりますか？」

と問いかけます。そうするとたとえば、

「契約交渉に必要なプレゼン資料の使い方が明確になれば、交渉を進められます」のように、明確になっていない部分が特定されていくので、視界がどんどん開けてきます。

視界が開ければ、不安も同時に軽くなり、行動していけるようになります。

「明確さは力」なのです。

世の中のニーズが多種多様化するのに伴って、仕事の内容もより複雑になっています。複雑になればなるほど、理解するのは難しくなります。

デカルトは「困難は分割せよ」と説き、ビル・ゲイツは「困難は切り分けろ」と唱えました。

複雑に思えるものでも、実は単純なものの集合体にすぎません。

「わかる」は「分かる」と書きます。

「分ける」ことで物事は明確になり、理解できるようになるのです。

私が銀行員だった頃、上司から「なんでそんなこともわからないんだ！」と何度も言われたことがあります。

「自分は本当にバカなんじゃないか？」と自信を失い、どうしていいのかわからず本当に不安な毎日を過ごしていました。

そんなとき、ある先輩が「全部一気に理解しようとするから、わからなくなるんだよ。分解して一つひとつ理解すれば、わかるようになるよ」と教えてくれたのです。

私は、その言葉で本当に救われました。今までできなかった複雑な仕事が、驚くほど簡単にできるようになったからです。


部下は常に何らかの不安にさらされています。

部下が不安という霧の中で彷徨っていたら、視界を切り開くきっかけを与えてあげてください。

視界良好な状態をつくるのは、上司の大切な役割でもあるのです。

コラム

上司なら知っておきたい「3つの傾聴レベル」

フィードバックの効果を高める上で、絶対に欠かせないのが、「**聞く力**」です。

本章でも随所で聞く力の大切さについて触れていますが、今回は、聞く力を高めるうえでとても大切な傾聴スキルについて解説します。

信頼できる上司の特徴として、常に上位に挙げられるのは、「聞く力が高い」ことです。

一方、話を聞かない上司に不満を持っている部下は多く、しばしば職場コミュニケーションの大きな課題として取り上げられます。

上司としては部下のことを聞いているつもりなのですが、実際には聞けていない上司が非常に多いのです。

聞けているようで聞けていない本当の理由は、**自分に意識が向いているから**です。

次の会話の例をみてください。

部下「課長、今お時間いいですか？」
上司「何？」
部下「実は今度の契約交渉の進め方でちょっと悩んでいます」
上司「そうなの？　これまでどおりの進め方でいいんだよ。悩むことじゃないよ」
部下「はい……。そうですか……」

この例では、「これまでどおりで済む話」、「悩むことじゃない」と勝手に解釈し、自分に意識が向いた聞き方になっています。

これでは話をちゃんと聞いてもらったと部下は感じることができません。

上司としては、部下の話を聞いたつもりでも、部下は本当に話したかったことをちゃんと聞いてもらえていないのです。対話そのものが中途半端なやり取りになってしまっているので、上司からのアドバイスが適切なのかどうか不安にもなります。

実は、聞くには「3つの傾聴レベル」があります。

この「3つの傾聴レベル」は、私が最初に学んだコーアクティブコーチングのスキルに由来するもので、私の聞く力を劇的に高めてくれてた傾聴スキルです。

まず最初に**「内的傾聴」**（レベル1）について説明します。

内的傾聴（レベル1）は、相手の話を聞いてはいるものの、話の内容が自分にとって何を意味するかに意識が向いている状態の聞き方です。相手から言葉としての情報は入ってくるものの、自分の考え、意見、判断に意識が向いています。

普段、ほとんどの人は、この内的傾聴で人の話を聞いています。

ある意味、自分本位な聞き方ですので、自分にとって話の内容が「メリットがない」、「関心がない」と思ったら、適当に聞き流したり、話を遮って話題を変えようとします。

一方、内的傾聴が効果的な場合もあります。

それは自分自身と向き合い、自分の心の声を聞くような場合です。

「自分が本当に大切にしたいことは何か？」
「自分は本当はどうしたいのか？」

このように自分に質問を投げかけて、自分の本心と向き合うような場合、内的傾聴を使います。

相手に意識を向ける聞き方

相手に意識を全集中して聞く方法を**「集中的傾聴」**（レベル2）と言います。

集中的傾聴では、相手の話の内容（言語メッセージ）だけでなく、顔の表情、声のトーン、体の動きなどの非言語メッセージにも意識を向けます。

また、「相手を評価判断せず、自分勝手な解釈をしないでありのまま聞く」ことがとても大切です。評価判断や解釈しようとすると自分に意識が向いた内的傾聴になるからです。

先の会話例を集中的傾聴のパターンに変えると次のような感じです。

部下「実は今度の契約交渉の進め方でちょっと悩んでいます」
上司「そうか、悩んでるんだね。具体的に話してくれる？」
部下「はい。実は契約相手方の態度に気になるところがありまして……」
上司「君の表情を見てると、ちょっと厄介そうだね？」
部下「はい。厄介かもしれません……今になって契約内容にクレームがあると」
上司「君の声からも伝わってくるよ。ちなみに対策案はある？」
部下「はい。自信はありませんが、一応考えています」
上司「素晴らしい。聞かせてもらっていいかな」
部下「はい！　ありがとうございます」

この対話では、上司は部下の言語メッセージだけでなく、「君の表情を見てると……」「君の声からも……」というように非言語メッセージにも意識を向けて聞いています。

また、自分から意見やアドバイスを一切いうことなく、相手に意識を向けながら傾聴し、部下自身の考えも引き出そうとしています。これが集中的傾聴です。

プロコーチも使っている最高レベルの傾聴法

最後は、**「全方位的傾聴」**（レベル3）といわれる聞き方です。

この聞き方は「環境的傾聴」とも言われますが、相手に意識を集中するだけでなく、部屋の温度や湿度や明るさ、かすかな空気の流れ、場の雰囲気等、自分と相手を取り巻く３６０度の全方位に意識を集中する聞き方です。

耳で聞くというよりも、**体全身で聞く**というほうが正確かもしれません。

プロコーチでも全方位的傾聴を使いこなせる人は多くないので難しいかもしれませんが、全方位的傾聴で聞かれた相手は、全身を包み込まれるような感覚になったり、お互いの心が完全に通じ合ったような感覚になったりします。

実際、私が主催する講座で受講生の方にこの全方位的傾聴を実践してもらうと、聞かれた相手だけなくコーチ役の方も感動して涙を流されることが多々あります。

オープンな職場で「全方位的傾聴」を実践するのはハードルが高いと思いますので、

3つの傾聴レベル

内的傾聴 （レベル1）	自分に意識が集中
集中的傾聴 （レベル2）	相手に意識が集中
全方位的傾聴 （レベル3）	周囲360度に意識が集中

「1on1」の場など、二人だけの対話に集中できるような環境で試してみられることをお勧めします。

これまでとは全く次元の異なった深いレベルの傾聴が可能となり、部下との信頼関係を築く上でも高い効果を発揮することでしょう。

第 4 章

「最高の職場」をつくる方法

――環境の法則――

良い環境に身を置けば、良い方向に人は育ち、
悪い環境に身を置けば、悪い方向に流されてしまう。
環境が人に与える影響は、計り知れません。
部下がパフォーマンスを発揮し、チームの結束を固めるための
「環境づくり」も上司の大切な務め。
第4章では、メンバーの心をつなぎ、結果を出すチームを
つくるためのフィードバックをご紹介します。

「最高の環境」をつくりだす意外な方法

私が起業して間もない頃、業界のトッププランナーの一人だったとあるプロコーチの方に「どうしたら成功できるのですか？」と率直に質問したことがあります。

彼からはこんな答えが返ってきました。

「成功者の集団に入ることだよ」

予想外の答えに私は正直びっくりしました。

成功するためにどんな知識やスキルが必要なのかを教えてもらえると思っていたの

ですが、そうではなかったからです。

「朱に交われば赤くなる」という諺があるように、人は所属する環境に大きな影響を受けます。

彼はさらにこう付け加えました。

「当初、僕を含めて成功していない素人ばかりが集まって、みんなで成功しようと意気込んでいた時期があった。でもいつまで経っても成功できなかった。そもそも成功者が周りにいなかったから、成功できるイメージが少しもわいてこなかったんだ」

彼自身はとても努力家で、資格取得やスキル修得も積極的に行っていたようですが、なかなか成功できない自分にかなり焦りを感じていたようです。

そんな矢先、成功しているコーチだけが集まるグループに運良く参加する機会を得たらしいのです。

「そのグループで目新しい知識やスキルを学んだわけではない。ただ、そのグループに参加したおかげで、成功している人達の考え方やあり方が自然と身についてきて、自分も成功できるなというイメージがわいてきたんだ」

それから彼は、自分でもびっくりするぐらいに成功するようになったとのことです。

環境が人に与える影響は計り知れません。

良い環境に身を置けば、良い方向に人は育ちます。反対に悪い環境に身を置けば、悪い方向に流されてしまうということです。

たとえば、ブラック企業や３Ｋと呼ばれるような職場環境に身を置いてしまうと、ネガティブ思考に陥ったり、心身を患ってしまうなどの悪影響を受けます。

反対に、処遇もよくて社員を大切にする働きやすい職場環境であれば、前向き思考で元気よく働くことができるでしょう。

環境は選べないのか？

会社を選ぶことはできます。

就職や転職活動の際、自分が勤めたい会社を選ぶことは十分に可能です。

とはいえ、学歴差やキャリアなどの実績差によって、選べる会社の選択肢に差があることは事実です。

これはある意味、成功者（有能な人）であれば、成功者が集まる会社や組織に所属できる可能性は高く、そうでなければ、その可能性は低くなるということです。

環境は自由に選べるようでいて、実は自由には選べない。

では、打開策はないのでしょうか？

私が学んだＮＬＰ（神経言語プログラミング）という心理学的手法に「ニューロロジカルレベル」という人間の学習行動モデルがあります。

図をご覧ください。

このモデルのユニークなところは、ピラミッドの頂点である「アイデンティティ」から順に下の階層（価値観・信念→能力・戦略→行動→環境）へと影響を与えるという点です。

先ほどまで「環境が人に多大な影響を与える」ということをお伝えしてきましたが、このモデルを活用することで、**「アイデンティティを変化させることによって、新た**

ニューロロジカルレベル

な環境をつくり出すことができる」のです。

では、そのメカニズムについて説明します。

まず、頂点の「アイデンティティ」は、Who are you?（あなたは誰ですか）と聞かれて、I am ○○.（私は○○です）と答える際の○○のことを指します。

たとえば、「私は**男**です」、「私は**A社の社員**です」、「私は**頭が悪い**です」などのように、太字の部分がアイデンティティになります。

つまり、自分を男と認識している、あるいはA社の社員と認識している、ということです。アイデンティティは「自己認識」と訳されますが、自分のことをどのような存在として認識しているか、を表します。

このアイデンティティは、私達が想像する以上に**非常に強力な影響力を持っています。**

自分のことを「男性」だと認識している人は、女性用トイレは使いません。同じように、自分のことを「A社の社員」だと認識している人は、B社の社員食堂には行きません。

人は普段、自分のアイデンティティを意識的に認識していませんが、アイデンティティは無意識レベルで非常に強い影響力を与えているのです。

たとえば、「私はできの悪い営業マン」という**アイデンティティ**しか持っていない人は、「営業は運次第」のような**価値観**を持ち、営業スキルもたいして身につけようとせず（**能力・戦略**）、営業に対しても消極的な**行動**しかとらず、その結果、窓際族が集まるような営業所（**環境**）で働く、ということです。

人は、自分の**アイデンティティ（WHO）**に相応しい「**価値観・信念（WHY）**」を有し、その価値観・信念に相応しい「**能力・戦略（ＨＯＷ）**」を持つことになります。

そして、人はその能力・戦略に応じた「**行動（ＷＨＡＴ）**」を取ることになり、その行動の結果が自分の置かれた「**環境（ＷＨＥＲＥ・ＷＨＥＮ）**」になるわけです。

つまり、全ての頂点に位置するアイデンティティが低レベルなものであれば、最終的に低レベルの環境に身を置くことになり、逆に最高のアイデンティティであれば、最高の環境になるということです。

「私はどんな状況でも結果を出す凄腕の営業マン」という高いレベルの**アイデンティティ**を持っている人は、「営業が皆の幸せをつくる」のような**価値観**を持ち、より専門的な営業スキルを習得します（**能力・戦略**）。

当然どんな状況に置かれても、積極的に営業活動を展開し（**行動**）、その結果、営業部のリーダーとして部下育成も行っている（**環境**）、ということです。

最高のアイデンティティは、最高のビジョンからつくられる

このように、アイデンティティは、下層に位置する「価値観」、「能力」、「行動」、「環

境」に強い影響を与えます。

すなわち、**最高のアイデンティティをつくることができれば、最高の環境を手に入れることも可能になる**わけです。

では、どうすれば最高のアイデンティティをつくることができるのでしょうか？

結論からお伝えすると、**「最高のビジョンをつくる」**ことです。

最高のビジョンの条件は、ビジョンが実現できている状態をイメージした時に、最高にワクワクする、あるいは最高に幸せを感じられる、など**「最高の感情」**が湧いてくるかどうかで判断できます。

たとえば、次のような感じです。

「1年後には、現部署で過去最高の累計売上額1億円を達成し、周囲から盛大に祝福されている。また、営業部のリーダーとして大活躍し、多くの後輩から尊敬されている」

ちなみに、ビジョンを「目標」と置き換えてもらっても大丈夫です。

最高のビジョンから最高のアイデンティティが生まれる

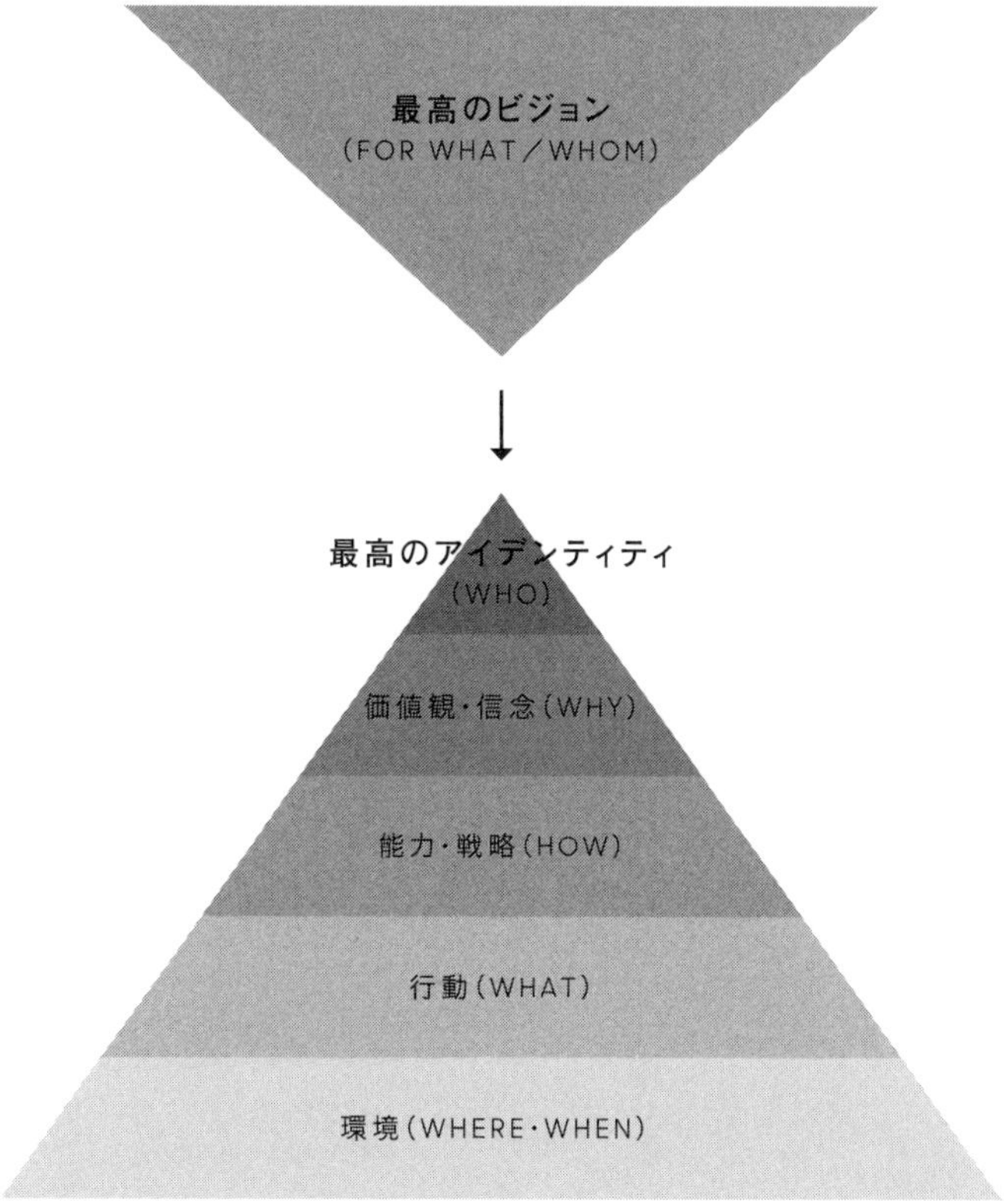

自分にとって最高だと思えるビジョンを描くことができたら、今度はその最高のビジョンを実現するに相応しいアイデンティティを考えて、言葉にするのです。

最高のアイデンティティは、最高のビジョンがあるからこそつくることができます(前ページ図参照)。

先ほどのビジョンに相応しいアイデンティティをつくるとしたら、「私は常に最高の結果を出し続け、周囲からも尊敬される最高の営業マンだ!」のようなイメージです。

ビジョンとは、理想の未来です。

理想の未来は、進むべき方向を示してくれる羅針盤となります。羅針盤がない状態でアイデンティティをつくっても、寄って立つところのない宙に浮いたアイデンティティになってしまいます。

以前、私のクライアントさんで、「私は何をやっても中途半端な人間」という低いアイデンティティを持っていた方がいました。それが原因で愚痴と不満の多い環境で働き続けるという悪循環に陥っていたのです。

本人は「なんとかして今の環境を変えたい」と強く願っていたのですが、いきなり最高のアイデンティティをつくろうとしてもイメージが湧きませんので、まず、本人に最高と感じられるビジョンを具体的に描いてもらいました。

その方の描いたビジョンは、何が何でも将来実現したいビジョンでした。そして、そのビジョンを実現するに相応しい最高のアイデンティティをつくってもらいました。最高のアイデンティティがつくれたら、あとはそのアイデンティティを日頃から常に意識して行動を重ねていくだけです。

その方は、アイデンティティに相応しい価値観を持ち、より高いスキルを身につけて行動した結果、半年で過去最高の売上を実現するなど、今まで経験したことのない最高の結果を手にされました。

「ビジョン」が、自分を支えてくれる

私はこれまで銀行、バーテンダー、塾講師、ＪＩＣＡ、外務省と様々な環境で働い

てきました。

銀行員時代の私は、「自分はこの程度の人間だ」というアイデンティティだったので、能力が発揮されることはほとんどなく、職場で評価されることもありませんでした。

銀行を辞めてゼロから人生をやり直すなら、諦めた夢にチャレンジしたい。そう思って、世界中を飛び回り発展途上国の貧困削減に貢献するという「最高のビジョン」を新たにつくりました。

この最高のビジョンをもとに「グローバルに大活躍できる人間」というアイデンティティを作り上げました。


このアイデンティティが生まれた背景には、大学時代に外交官になりたくて、国際関係などを学んだことが強く影響しています。実は阪神淡路大震災で被災して、外交官になるための勉強が続けられず、結局、諦めて銀行に就職することになったという経緯がありました。

この「グローバルに大活躍できる人間」というアイデンティティは揺るぎない自分軸となり、長年、私を支え続けてくれました。

ＪＩＣＡという最高の環境で、世界40か国以上を渡り歩き、発展途上国の貧困削減や人材育成に16年間も従事することができ、最終的には、学生時代の夢だった外交官も経験することができたのです。

かつて思い描いていた「ビジョン」が私の指針となってアイデンティティとなり、そして、最高の環境を実現させたのです。

「最高の環境」をつくるフィードバック

今の与えられた環境で我慢するしかないと、諦めモードになるのはやめましょう。

最高のビジョンを描いて最高のアイデンティティをつくることで、価値観、能力、行動を変えて、最高の環境を手にしていくのです。

最高のビジョンを描くことは自分でもできなくはないのですが、自分を制限する「思い込み」が邪魔をして、最高のビジョンが描けない場合があります。

そのため、As ifフレーム（もし、〜なら）を使って思い込みを外し、部下の可能性を引き出す問いかけを行います。

「もし、何の制限もなかったとしたら、自分にとって最高の成果とは何だろう？」
「もし、全知全能の神だとしたら、どんな最高の未来を実現したい？」

こんなふうに思考に制限をかけないで、最高のビジョンを具体化していきます。

ビジョンをつくる際、実際に実現できるかできないかは考える必要はありません。

どうせ無理だろうという「思い込み」が、全てを台無しにします。

できない理由を考えるのではなく、できる方法を考える。

結果は結果でしかありません。

常に可能性にチャレンジし続ける姿勢が、最高の結果をもたらしてくれるのです。

上司はそのことを部下に伝えることが大事です。

ビジョンが明確になったら、

「そのビジョンを実現するには、どんなアイデンティティが相応しいだろうか？」

と問いかけて、部下に最高のアイデンティティを考えてもらいます。

アイデンティティは実際に自分で言葉にしてみて、勇気やエネルギーが湧いてくるようなものになっていれば大丈夫です。

新しくつくったアイデンティティを定着させていくために、メモ書きするなど「見える化」して、常に意識できる状態にしておくことが大事です。

アイデンティティが定着していくに従って、最終的にそのアイデンティティに相応しい最高の環境に身を置けるようになっていきます。

環境が人に与える影響はとてつもなく大きいです。

なので、悪い環境あるいは自分に合わない環境であれば、すぐにその環境から離れて、良い環境に移動するのが本来は理想です。

とはいえ、多くの場合、簡単に環境を変えることは難しいのが事実です。

そんなとき、アイデンティティを変えることで、自分に最適な環境をつくり出すということも可能なのです。

仕事も人生も環境次第というのは、受け身の姿勢です。

これからの激動の時代を生き抜くためには、「自分次第で仕事も人生も変えられる」というマインドセットが大事なのです。

部下との距離を、どう取るか？

部下との距離感がわからずに悩んでいる上司は多いです。

私の知り合いで管理職の方が、部下と信頼関係を築こうと積極的にコミュニケーションを取った結果、逆に部下から距離を置かれるようになった、と嘆いていたことがありました。

部下との距離感を掴むのはなかなか難しいようです。

ところで、「パーソナルスペース」という言葉を聞いたことはあるでしょうか？

パーソナルスペース

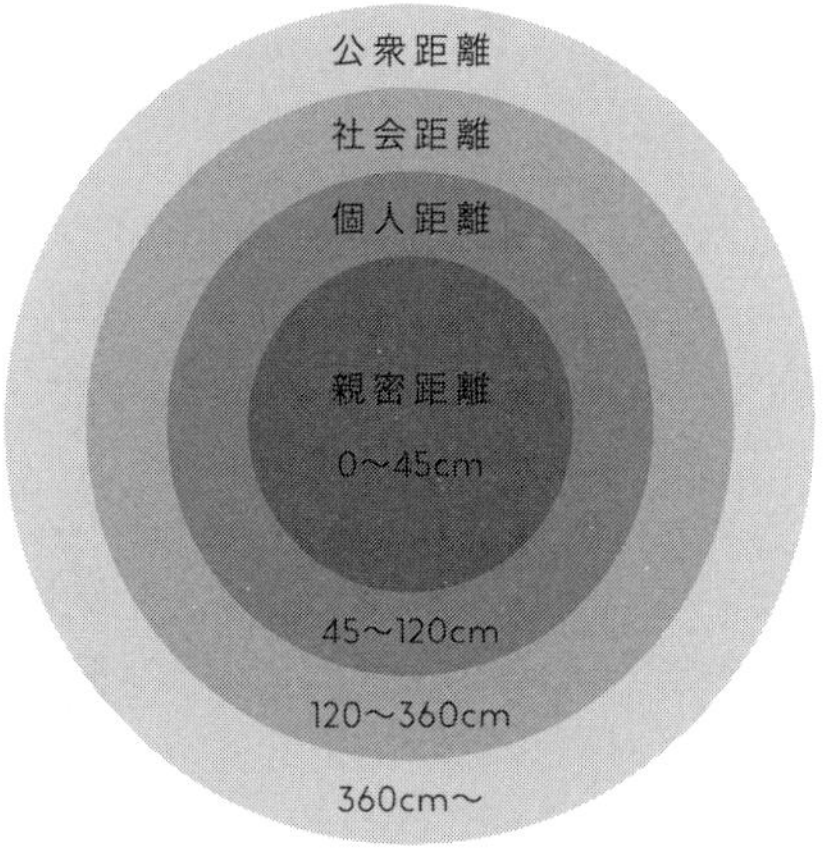

パーソナルスペースとは、個人を取り囲む空間において、他人が近づいて不快を感じない境界エリアのことを言います。R・ソマーという心理学者が提唱した概念で、対人距離とも呼ばれます。

図をご覧いただくとおわかりのように、パーソナルスペースは次の４つの分類があります。

「親密距離」（０〜45㎝：家族や恋人などの距離）

「個人距離」（45〜１２０㎝：友人や親しい間柄の距離）

「社会距離」（１２０〜３６０㎝：職場などビジネス関係の距離）

「公衆距離」（３６０㎝以上：公衆での見知

らぬ人との距離）

このパーソナルスペースは、**「相手との関係性によって距離が変わる」**ということです。

部下との距離感を考える場合、このパーソナルスペースの概念を理解しておくことは参考になると思います。

パーソナルスペースという物理的な距離の影響も念頭に置きつつ、部下との適切な距離感をどうつくっていけばいいでしょうか？

まず大前提として、部下との「ラポールを構築すること」が基本になります。

ラポールの重要性については、これまでお伝えしてきたとおりですが、ポイントは、「ラポールの深さによって、コミュニケーションの深さも変わる」ということです。

ラポールは相互理解によって成り立ちます。

お互いに対する理解が浅ければラポールは浅くなり、逆もまた然りです。

とは言え、お互いを深く理解しようと、いきなりコミュニケーションの頻度を高めたり、プライベートな内容の話をして距離を詰めようとしても、逆にラポールが失われます。

ラポールを構築していくには、段階的に距離を縮めていく必要があるのです。

職場であれば、２～３ヶ月くらいの期間の余裕を見ながら、ラポールを徐々に深めていくのが良いでしょう。

特に経験の浅い部下の場合は、仕事に慣れるだけでも時間がかかったりしますので、焦らずに丁寧に時間をかけながら、ラポールを築いていくのが大事です。


その際、極めて有効な場となるのが、第１章でも紹介した「1on1」です。

普段の忙しい職場では、部下に話しかけようとしても、タイミングが合わなかったり、落ち着いて話せる機会もなかったりします。

社内の制度として「１ｏｎ１」を導入しておけば、部下と１対１でコミュニケーションを取れる時間がつくれます。

部下に対する理解を深めるだけでなく、上司のことも理解してもらえる貴重な場になりますので、「１ｏｎ１」の導入をお勧めします。

ラポールを深めて、信頼関係ができあがっていくと、コミュニケーションにおける言葉の影響力が強まります。

信頼している人とそうでない人が「この本は読んだほうがいいよ」と同じ発言をした場合、どちらの言葉が相手に影響力を持つかは言うまでもありません。

上司の言葉が部下に届かなければ、コミュニケーション自体が意味をなさなくなります。**言葉に影響力を持たせるには、ラポールが大前提**となるのです。

その意味においても、相互理解を深めながら、ラポールを築いていくことは不可欠です。

「近すぎず、遠すぎず」のコツ

ラポールが深くなれば、どれだけ距離を詰めても大丈夫か？　と言えば、そうではありません。

上司と部下との関係は、家族や恋人の関係とは異なりますので、パーソナルスペースの考え方と同様に、適度な距離を取る必要があります。

距離が近すぎても、遠すぎてもダメなのです。

距離が近すぎる場合と遠すぎる場合における弊害は次のとおりです。

■距離が近すぎる場合

- 相手と自分を似ている者同士と勘違いして、自分本位に振る舞う。
- 公私混同して、ため口になるなど、無礼に振る舞うようになる。
- 相手に依存して、自分の不安を解消するなど、依存体質になる。

■距離が遠すぎる場合

- 自分のことを気にかけてくれていないと思い、相手を冷たい人と評価する。
- 意思疎通が難しくなり、情報共有も的確になされず、誤解が生じやすい。
- 自分のことが嫌いで遠ざけていると思い、相手とさらに距離を置くようになる。

これらの弊害は、私がクライアントから人間関係の問題でよく相談される内容です。

距離が近すぎても、遠すぎても、よい関係になりません。

距離が両極端にブレると、様々な弊害が起こるので、「中間の距離」を取る必要があるのです。

では、「中間の距離」とはどんな距離なのでしょうか？

それは、**「相手が心地よいと感じる距離を取る」**ということです。

パーソナルスペースにも個人差があるように、適切な距離にも個人差があります。

また、人は常に変化するいきものですから、その日の感情によって距離が変わったりします。

結局のところ、相手に対する理解を深めながら、相手が心地よいと感じる距離を測るしかありません。

部下との距離を杓子定規に考えるのではなく、部下のことをよく観察しながら、適度な距離を取っていくのです。

部下がプライベートの問題で深く悩んでいるような場合、ラポールが築けているからといって、積極的に相談に乗る必要はありません。

「そっとしておいてほしい」というサインを受け取ったら、敢えて距離を取ることも必要なのです。

「適度な距離感」のフィードバック

部下が適度な距離感をわかっていない場合も、職場では比較的多く見られます。

そんなときは、適度な距離を取ってもらうために、上司からフィードバックを行います。

たとえば、部下が上司に馴れ馴れしく礼儀を欠いた発言をした場合、「礼儀をわきまえなさい！」と一喝するのではなく、部下にこう問いかけます。

「今の発言は、職場という公の場の発言として適切ですか？」

と内省を促すようにします。

一喝しても、「怖い」という感情が先にたって、じっくり内省することができません。

なぜ、その発言が不適切かについて内省する機会を与えることで、「自分事」になっていきます。一喝しても自分事になりにくいのです。

今度は反対に、部下がコミュニケーションを取りたがらず、周囲との関係を遠ざけようとしている場合、「なんでそんなに皆を遠ざけるの?」と聞いても、距離は縮まりません。

そんな場合、たとえばこのように問いかけます。

「職場の人達とのコミュニケーションはどんな感じですか?」

とまずは、部下の反応を見ます。

その際、顔の表情や声のトーンなどの非言語メッセージに注意を払います。

「問題ないですよ」

と答えても、表情が暗かったり、声に元気がなかったりした場合は要注意です。

本心で答えていない場合があるからです。

その場合には、部下の顔をしっかりと見つめて、

「問題がないなら良かった。でも、もし少しでも気になることや困ったことがあったら、遠慮なく相談してください」

と、フォローを入れることが大切です。

今は話したくない心情なだけで、いつか相談したいと思っている可能性があるからです。

「いつでも相談できる場がある」というセキュアベースをつくってあげることが何より大事です。

人との距離の取り方を間違えると、トラブルの元になります。

上司と部下との距離も同じです。

距離が近すぎても、遠すぎても、いい関係はつくれません。自分本位で距離を取るのではなく、「相手本位」で距離を測ることが大事です。

適切な距離をつくることができれば、コミュニケーションも円滑になり、強い信頼

関係が生まれて、快適な環境で働くことができます。
お互いに心地よい距離を取ることで、お互いの関係性もさらに発展していくのです。

空気を読んでも、空気に支配されない

「とある部下とのやり取りで困っている」

と相談してきたクライアント（上司）の方がいました。話を聞くと次のようなやり取りがあったとのこと。

上司「仕事がまだ残っていて、皆も仕事してるのになぜ定時で帰宅したの？」

部下「残業命令はなかったですし、定時で帰宅して何か問題はありますか？」

上司「会議中に離席して戻って来なかったのはなぜ？」
部下「自分がいても意味のない会議だからです。時間を無駄にしたくないので、やるべき仕事を優先しました」

このやりとりを聞いて、あなたはどう感じたでしょうか？

私は正直、「部下の言うことも理解できるな」と思いました。決して間違ったことを言っているわけではないからです。

では、なぜその方が困惑しているのか？ と言えば、「部下が空気を読んでくれない」からです。

一昔前に「ＫＹ」という言葉が流行りましたが、これは「空気が読めない」を意味する略語です。

一時期、空気が読めない部下が増えていると、メディアでクローズアップされ、大きな社会的テーマとなりました。

今でも空気の読めない部下は少なくないですし、そのような部下に対して、どう対処していいか悩む上司は依然として多いようです。

とくに日本の会社組織においては、「空気を読む」ことが組織文化のように根付いていて、組織で上手くやっていくための作法あるいは戦術のように見られてきました。ある意味、「空気を読める人」が組織で勝ち残ってきたわけですが、弊害もあります。

たとえば、次のような例を見てください。

- 社員の多くが新企画に賛成している（場の状況）
- 私個人的には、新企画には反対だ（個人の考え）
- 反対すると、多くの社員から反発を受けそうだ（場の空気）
- 自分の本心に反して、賛成を表明する（場の空気に合わせる）

単純な事例かも知れませんが、「場の空気を読んで、場の空気に合わせる」ということを職場だけでなく、あらゆる場所で、何度も見たり、経験しているのではないでしょうか。

最近の事例で言えば、「忖度」にも通ずるものです。

自分が「それは間違っている」と思っても、周囲が正しいと思っているようであれば、周囲に合わせてしまう、ということが起こるわけです。

これが「場の空気を読む」のことの弊害です。

著名な作家である山本七平氏の名著『「空気」の研究』(文藝春秋)では、日本が敗戦に追い込まれた理由の一つとして、「場の空気」による影響を指摘しています。

以下は抜粋ですが、山本氏は、場の空気のことを、次のように表現しています。

「空気」とはまことに大きな絶対権を持った妖怪である。一種の「超能力」かもしれない。何しろ、専門家ぞろいの海軍の首脳に、「作戦として形をなさない」ことが「明白な事実」であることを強行させ、後になると、その最高責任者が、なぜそれを行ったかを一言も説明できないような状態に落とし込んでしまうのだから、スプーンが曲がるの比ではない。(『「空気」の研究』p19)

場の空気の厄介なところは、合理的な判断を狂わせ、思考停止を招いてしまうことです。

米国の社会心理学者アーヴィング・ジャニスは、「集団浅慮(集団思考)」という概念を提唱し、集団による意思決定が個人で行う場合よりも非合理で「愚かな結論」になる傾向があることを指摘しています。

場の空気が支配的になって、「その空気に合わせて決断を下してしまう」という現象は、まさに「集団浅慮」といえるでしょう。

これと似たような言葉に「同調圧力」があります。

同調圧力は、「場の空気に合わせろ」という非合理的判断に基づく集団圧力ですが、至るところで見られる現象です。

このように「場の空気を読んで、場の空気に合わせる」ことは、むしろ大きな弊害を生む場合が多いことも事実です。

とかく日本人は、「皆と同じであること」に安心する傾向があり、またそのことに価値を置いている人も多いです。

そのため、場を乱したり、一人違った発言や行動を取ることに対して、異常なくらいに神経質になります。

余談ですが、日本で出る杭が打たれやすいのも、そのせいかもしれません。

空気を読んだ後に、どう行動するか？

しかし、よく考えて見てほしいのですが、皆が「同じであること」や「場の空気に合わせること」を続けていたら、会社や世の中はどうなるでしょうか？

当然、変化は起きにくくなります。

変化が起きにくいということは、「新しいものが生み出されにくくなる」ということです。

たとえば、日本と諸外国の開業率を比較すると、米国やイギリスは10％を超えていますが、日本は４％程度と倍以上の開きがあります（「２０２０年版中小企業白書」より）。

今から約30年前の１９８９年時点の「世界時価総額ランキング」は、ＮＴＴ、日本興業銀行、三菱商事、東京電力など、トップ10に、7社の日本企業がランクインしていました。

対して、２０１９年時点では、アマゾン、マイクロソフト、アップル、グーグル、フェイスブックなどの米国企業が8社、また、アリババ、及びテンセントの中国企業

2社がトップ10にランクインしています（ちなみに日本の最高位は42位のトヨタ）。

私はこの事実を知ったとき、日本の将来に対する危機感を強く持ちました。

世の中はAIやIOTなどの第四次産業革命によって、これまでとは次元の異なるスピードで変化しています。

変化に対応できなければ、衰退していくだけです。

世の中の変化に対応していくには、自らが変化していくしかありません。

このような変化の激しい世の中において、「同じであること」や「場の空気に合わせること」に囚われていたら、組織の中で変化を起こすことは困難です。

では、これからどう対応していけばいいのでしょうか？

私が提案したいのは、**「空気を読んでも、空気に支配されない」**ということです。

日本の職場のケースで考えると、空気を読まないで単独行動すると、周囲が驚いて混乱してしまうのが大抵です。事態の収拾に無駄な時間とエネルギーを費やすことになるでしょう。

なので、空気を読むこと自体はできたほうがよい。

重要なことは、「空気を読んだ後に、どう行動するか？」です。

「空気を読んで周囲に合わせること」が合理的である場合には、周囲に合わせるという選択肢もありです。

他方で、集団浅慮や同調圧力のような合理性が低いと見られる場合には、空気に支配されないことが大切です。

そのような場合、拠り所となるのは**「合理性」**です。

合理性があるかどうかは、「科学的なエビデンス」や「偏りのない正確なデータ」に基づく議論を経たうえで論理的な判断がなされているかどうか、で見極めます。

もちろん、１００％完璧な合理性などこの世には存在しません。

その限界を理解したうえで、出来得る限り合理性を追求していくことが、思考停止を招かないために大切なことなのです。

空気に支配されないフィードバック

上司には、部下の将来性を伸ばしていく責務があります。

そのためにも、場の空気に支配されず、部下自ら変化を起こせるように支援することが大事です。

部下がその場に合わせるだけの「考えない葦」にならないよう、次のような問いを投げかけてみましょう。

「皆が言っていることは本当に正しいのか？」
「この結論は、科学的エビデンスに基づいているか？」
「メリットとデメリットの比較衡量は十分にされているか？」
「論理的な矛盾点はないか？」

これらの問いかけに対して、「何らかの違和感」を覚えたら、**その違和感を「場に投げてみる」**ことです。

部下には、違和感を大切にすること、そして違和感を場に投げて、その場に変化を起こせることの大切さを伝えてほしいと思います。

冒頭で紹介した上司と部下とのやり取りの話に戻ります。

相談を受けた私は、そのクライアントさんにこのようにフィードバックしました。

「あなたのお気持ちはよくわかります。そして考えてみてほしいのですが、もし仮に部下の言うことが本当に事実だとしたら、どうしますか？」

彼はしばらく考え込んでから、こう答えました。

「確かに会議に無駄がないかと言われればそうではないですね。部下が率直にそう発言したのは、無駄が本当にあるからだと思います。これを機会に会議そのもののあり方を見直したいと思います」

後日、彼から連絡がありました。

「先日ご相談した件ですが、これまでのような定期的な会議はなくなりました。チーム内で話し合って、必要と判断された場合のみ会議を行うという方針に変わったんです」


その場の空気に従うことは、楽かもしれません。

周囲から変な目で見られることもなく、寄らば大樹の陰で安心でしょう。

ただそれが会社の将来にとって本当にいいのか？　と問われれば、そうではないはずです。

変化を起こしていかなければ、生き残れない時代に突入しているからです。

そして、そんな時代の将来を担うのは部下達です。

上司は今だけやり過ごせばいいわけではありません。

後世に何を伝え何を残すのか？


「空気を読んでも、空気に支配されない」

「部下の将来を思う心」と「変化する勇気」が求められるのです。

リーダーを育てる場をつくる

リーダーの重要な役割は、できる部下を育てることです。

ですが、それ以上に大事な役割があります。

それは、部下を「将来を担うリーダー」として育てることです。

残念ながら、管理職になりたがらない若手社員が増えているのが現状ですが、その現状を放置すれば会社はいずれ衰退していくでしょう。

会社の存続のためにも、将来を担うリーダーを育成することは、リーダーとして不可欠な役目なのです。

将来のリーダーを育てるためには、部下が「リーダーになりたい」と思えるような状況をつくっていくことが大事なのは言うまでもありません。

そのためにも、リーダー自身が「部下にとって、なりたいリーダー像になる」ことが一番の解決策と言えます。

「なりたいリーダー像」をひと言で表すことは難しいですが、少なくとも、リーダーであることに幸せや喜びを感じていなければ、部下にとって、なりたいリーダーとは思えないでしょう。

辛そうに見えるリーダーが目の前にいたら、リーダーにはなりたくないと思ってしまうのは当然です。

リーダー自身が「なりたいリーダー像」になるためには、そうなれるような環境をつくる必要があります。

なりたいリーダーを増やす環境とは？

今、多くのリーダーが苦しんでいます。

ビジネス環境の変化や市場ニーズの多様化などに対応するため、業務量が大幅に増えています。

そのため、リーダーが担当者レベルの仕事もカバーしなくてはならない「プレイングマネージャー」も増加しています(リクルートワークス研究所報告書『プレイングマネジャーの時代』2020年1月)。

プレイングマネージャーにならざるを得ない最大の理由は、「業務量が多いため」(57・3%)ですが、次の大きな理由として、「部下の力量が不足しているため」(37・3%)が挙げられています(前掲書)。

このような状況が続けば、疲弊したリーダーが増えていくのは当然で、なりたいリーダー像からはどんどん遠のいていくでしょう。

ではどうしたら、このような状況が改善されて、なりたいリーダーが増えていくのでしょうか?

それは、**「助け合える環境をつくる」**ことです。

プレイングマネージャーは、助けることばかりをやっています。業務量が増えたからカバーする、部下の力量が足りないからカバーする、というお助けマンになっているのです。

加えて、課やチームなどの部署全体の責任も担っていて大変なのにもかかわらず、リーダーであるが故に、助けを求められないという「孤独」な存在になっています。

この状況を打開するためには、リーダーも助けられるという「助け合える環境」をつくっていくことが不可欠なのです。

助け合える環境の礎となるもの

助け合える環境をつくっていくには、部下が力量をつけて、リーダーとしても活躍できるレベルになっていくことが大事です。

部下が力量をつければ、リーダーを助けることができます。

リーダーを助けることができれば、部下はリーダーのレベルに近づいていきます。

では、助け合える環境はどうつくるのか？

助け合える環境をつくるには、「教え合う環境」と「コーチングし合う環境」の２つの環境が必要です。

その理由は、教えるだけでは、一方通行の情報伝達で終わることになるからです。

教えることで知識や情報のギャップは解消されますが、相手の能力や可能性を引き出すことは困難です。

そのため、教える（ティーチング）だけでなく、引き出す（コーチング）というアプローチが不可欠になります。

引き出す力は、人を成長させていくうえで極めて大切なスキルです。

この2つのアプローチによって、部下の力量をバランスよく上げていくのです。

では、最初に「教え合う環境づくり」についてお伝えします。

■教え合う環境づくり

教え合う環境をつくっていくには、教えることが相手の役に立つというだけでなく、「自分の成長にもつながる」という実感を得てもらうことが大切です。

人に教えることは、物事を深く理解して、伝える能力もあって初めて可能なことですから、自己成長に最も効果のある手法の一つです。

中には、「人に教えると損する」という了見の狭い人がいますが、会社組織でそのような考え方の人が増えれば、必要な情報やノウハウが共有されなくなり、会社の成長に支障をきたすことになります。

お互いが教え合うことによって、相手の役に立つだけなく、自己成長、さらには会社の発展にもつながっていくのです。

たとえば、世界の最先端企業であるグーグルでは、「グーグラーｔｏグーグラー（ｇ２ｇ）」という社員同士が教え合うプログラムが多数実施され、社員同士が成長し合える環境があります。

教え合う環境が、社員の能力を高めることにつながり、会社の成長に貢献していることは言うまでもないでしょう。

かりにグーグルのように社内制度が整っていなかったとしても、教え合う環境は現場レベルでつくることができます。

たとえば、新しい業務が発生した際、最初に部下に仕事の内容ややり方を学んでもらい、上司に教えさせるという方法もありです。

私の前職だったＪＩＣＡでは、職員が新しい業務を立ち上げて、上司にレクチャーし、上司の許可が取れれば、リーダーとなって仕事を回していくことが、実際多かったです。

上司に教えて上司から許可をもらうには、かなり勉強したり、プレゼン力を高めたりする必要がありましたが、実力をつけるには非常によい機会でした。

■コーチングし合う環境づくり

教える（ティーチング）力を身につけると同時に、引き出す（コーチング）力を高めることは、リーダーを育てるうえで不可欠なことです。

コーチングは非常に応用範囲が広い手法であるため、その効果も多岐にわたります。たとえば、「主体性を発揮させる」、「創造性を発揮させる」、「能力を引き出す」、「思考力を高める」、「モチベーションを向上させる」、「目標達成を容易にする」、「人間関係を豊かにする」、「心の安定を生み出す」など、他にもたくさん効果があります。

このようなコーチングの可能性の高さから、グーグル、ヤフー、インテルなど一流企業の多くが、コーチングを積極的に導入しており、最近では、「１ｏｎ１」という形態にかたちを変えて、さらにコーチングが普及し始めています。

特に、コーチングは人材育成や人材開発の分野との親和性が高いことから、部下育成やリーダー人材育成のために、コーチングを導入している企業は右肩上がりに増えています。

このような事実からも、コーチングし合える環境をつくっていくことは極めて重要です。

できれば、１ｏｎ１を制度的に導入するなど、社内制度化を進めることができれば望ましいですが、難しいようであれば、まずはリーダー層を中心に基本的なコーチングスキルを習得させることから始めましょう。

コーチングスキルを身につけることで、本書でお伝えしているフィードバックの効果も確実に上がります。

コーチングの基本的なスキルを身につければ、「コーチングし合える環境」をつくることがすぐにでも可能です。

たとえば、上司が部下の話を普段聞く際に、傾聴のスキルを使うだけで、部下が安心して話せるようになったり、信頼関係が深まるなどの効果がでてきます。

また、これまで一方的にアドバイスしていた場合には、質問のスキルを使って、部下に考えさせ、主体的な行動を促すことも可能です。

上司対部下の関係だけでなく、部下同士あるいは上司同士でも同じようにコーチングを活用することができます。

最初から完璧な環境を整えようとせず、まずはできるところから試すのが大事です。

このように、「教え合える環境」と「コーチングし合う環境」の2つの環境をつくることによって、「助け合える環境」が整っていきます。

「助け合える環境」ができて、リーダーが助けられれば、リーダーの孤独と負担は軽減され、リーダーの心と身体にはスペースが生まれます。

スペースができれば、本来の能力やパフォーマンスを発揮しやすくなります。

辛そうな顔をしたリーダーから生き生きとした笑顔のリーダーへと変わることでしょう。

そうなれば、部下にとって「なりたいリーダー」が増えてくるはずです。

最後に、「最高のマネージャーになるための８つの習慣」について紹介します。

これは、グーグルが人事考課、フィードバック調査などマネージャーに関する１万件に及ぶデータを集め、マネージャーとのインタビューを実施するなど、丸１年かけて社内調査（プロジェクトＯｘｙｇｅｎ）を実施した結果、明らかになったものです。

■最高のマネージャーになるための８つの習慣

習慣１　よいコーチであれ。

習慣２　部下に権限を委譲せよ。マイクロマネジメントはするな。

習慣３　部下の成功と幸せに関心を持て。

習慣４　くよくよするな。生産的で結果志向であれ。

習慣５　よいコミュニケーターであれ。そしてチームの声を聞け。

習慣６　部下のキャリアについてサポートせよ。

習慣７　明確なチームのビジョンと戦略を持て。

習慣8　チームにアドバイスができるように技術的なスキルを磨け。

興味深い点は、この8つの並びが「重要な順」になっているということです。

グーグルの成功が示しているように、「教え合うこと」と「コーチングし合うこと」の2つは、リーダーの育成と組織の成長にとって極めて重要なのです。

次のリーダーを育てることは、リーダーのみならず、会社組織にとっても最重要事項の一つです。

疲弊したプレイングマネージャーが増えている中、将来を担うリーダーを育てる環境をつくることの大切さを再度認識してほしいのです。

ビジョンは「伝える」ではなく「伝わる」ことが大事

「ビジョンって本当に必要なんですか？」

先日、とある若手の管理職から質問を受けました。質問の理由について聞き返すと、「会社のビジョンを語られてもピンと来ないし、何の役に立つのかわからない」とのこと。

確かに一般社員にとっては、会社のビジョンがどれほど重要な意味を持つのか理解しづらいのかもしれません。

『THE VISION あの企業が世界で急成長を遂げる理由』（朝日新聞出版）の著者である

江上隆夫氏は、「ビジョンを失うと企業は衰退する。ビジョンを持った企業だけが生き残る」と指摘しています。

ビジョンには様々な定義がありますが、江上氏はビジョンを

「多くの人に共有、共感される、未来への洞察を信念にまで高めた末に生まれた、自らが心から達成したいと願う、あるべき未来像」

と定義しています。

具体例があるとわかりやすいと思いますので、比較してみましょう。

■ビジョンA

「人と、地球の、明日のために。東芝グループは、人間尊重を基本として、豊かな価値を創造し、世界の人々の生活・文化に貢献する企業集団をめざします」

■ビジョンB

「世界中の情報を整理し、世界中の人々がアクセスできて使えるようにすること」

ビジョンＡは東芝の例ですが、東芝が目指す未来の姿が具体的に見えてこず、「とりあえず、いまある技術的資産、人的資産を使って頑張るしかない」という「心構え」になってしまっていて、江上氏が定義するようなビジョンにはなっていません。

このようなビジョンの欠如が、東芝が苦境にあえいでいた要因の一つだと江上氏は指摘しています。

ビジョンＢは、グーグルのビジョンです。シンプルですが、実現したい未来が明確で、世の中の人々から支持される共感度が高いビジョンになっています。

日本で急成長している注目のベンチャー企業を調べてみましたが、やはり急成長しているだけあって、各社とも素晴らしいビジョンを持っています。

たとえば、ＣＡＭＰＦＩＲＥのビジョンはこれです。

「一人でも多く一円でも多く、想いとお金がめぐる世界をつくる」

同社は、クラウドファンディングを活用した資金調達を支援している企業で、様々な苦難に直面している人に対する支援の輪を広める事業で注目されています。

ちなみに企業のビジョンではないですが、20世紀最高のビジョンと言われるマーティン・ルーサー・キング牧師が１９６３年にワシントン大行進で行ったビジョンはこちらです。

“I have a dream that one day on the red hills of Georgia, the sons of former slaves and the sons of former slave owners will be able to sit down together at the table of brotherhood.”

(訳)私には夢がある。それはいつの日か、ジョージア州の赤土の丘で、かつての奴隷の息子たちとかつての奴隷所有者の息子たちが、兄弟として同じテーブルにつくという夢である(引用：『米国の歴史と民主主義の基本文書』より)。

このビジョンがどれだけ人々の心を打ち、どれだけの人々を動かし、人種差別問題の解消につながっていったか？

その答えは歴史が証明しています。

冒頭の若手管理職の質問に答えるとするならば、「ビジョンがピンと来ない」というのは、ビジョンがビジョンとしての体をなしておらず、単なる心構えになっていたりして、心に響いていないということです。

ビジョンが心に響かなければ、役に立っているかどうかすらも気にならない、のです。

ビジョンが役に立つ理由

そもそも、ビジョンは役に立つものなのでしょうか？

ビジョンはひと言で言えば、「目指すべき理想の未来像」です。

ビジョンは、大海原に漂流しても進むべき方向を示してくれる羅針盤のような役割を果たしてくれるものです。

ソフトバンクの創業者、孫正義さんがこのように語っています。

「近くを見るから船酔いするんです。１００キロ先を見ていれば、景色は絶対にぶれない。ビジョンがあれば、少々の嵐にもへこたれません」

ビジョンがあるからこそ、様々な困難や逆境に直面しても、ブレずに突き進むことができる。ビジョンがなければ、羅針盤をなくした大海を漂流する難破船となるのです。

私の体験をお話ししましょう。

私が起業して2年目のとき、プロジェクトに失敗して大きな借金を抱えました。もうダメかもしれないと諦めかけたとき、支えとなったのは「コーチングを通じて、世の中を少しでもいい方向に変えたい」というビジョンがあったからでした。そのビジョンがあったおかげで今の私があります。

ビジョンは、困難に遭遇したときには心の支えになってくれます。

また、前職のＪＩＣＡに勤めていたとき、私は発展途上国の貧困削減など様々な課題の解決に取り組み、時にアフガニスタンなどの危険な地域にも足を踏み入れて支援を行っていました。

下手をすれば、命の危険にさらされるかもしれない状況でしたが、支えとなったのは「国造り、人づくり、心の触れ合い」というビジョンがあったからでした（旧ＪＩＣＡのビジョン）。

そのビジョンのおかげで、職員が一丸となって国際協力に取り組むことができたのです。

ビジョンは、人々の心をつないで、結束力を発揮させてくれるのです。

ビジョンは「自分事化」することで意味を持つ

「ビジョンが伝わらない」と嘆く経営者のことを時々耳にしますが、社員の心に響く良いビジョンであったとしても、おのずと末端の社員にまで浸透するかと言われれば、必ずしもそうではありません。

ビジョンは往々にして抽象度が高く、ちゃんと意味が伝わらない場合があります。入社式でビジョンの説明をされても、ピンと来ない社員のほうが多いでしょう。

伝えることと、伝わることは違うのです。

ビジョンを伝えたつもりでも、伝わらなければ、ビジョンは生きたものとはなりません。

では「伝わる」とはどういうことなのでしょうか？

ひと言で言うと、伝わるとは、**「自分事化される」**ということです。

ビジョンが自分事化されていなければ、他人事として扱われて、浸透しないということです。

ＪＩＣＡ職員が一丸となって、過酷な環境の発展途上国で日夜働き続けることができたのは、ビジョンが自分事となって全職員に共有されていたからです。

この自分事化は、**「なぜ」を繰り返す**ことによって促されます。

私がＪＩＣＡに勤務していたとき、事あるごとに上司が「なぜ、この仕事をやっているのか？」と問いかけてきました。

そのうち、仲間内でも「なんで、僕らはこの仕事をしてるんだろうね」と思い出したように口にするようになり、「国造り、人づくり、心のふれあい、のためだよな」とお互いにその意味を噛み締めながら、働いていました。

「なぜ」の先にある答えが、ビジョンになっていたのです。

ビジョンは絶対に必要なものです。

だからこそ、リーダーはビジョンが「伝わる」ようにしなければなりません。

入社式の場ではなく、日々の現場で対話しながら、「なぜ」を問いかけ続けるのです。

「なぜ」の先の答えが、ビジョンになったとき、ビジョンは生きたものになります。

生きたビジョンが共有されたとき、上司と部下は同じ方向を向いて歩みだしていくのです。

コラム

フィードバックで大切な「質問スキルの基本」

通常、フィードバックと聞いて思い浮かべるのは、アドバイス、説教、ダメ出し、評価、改善提案などをイメージすると思います。

ひと言で言えば、「相手に答えを与える」という行為です。

それが悪いということでは決してありません。答えを受けて、反省したり、なるほどと思ったりすることができるので、役に立つことも当然あります。

一方、このような「答えを与えるフィードバック」は、相手の考える機会を奪ってしまう可能性があります。また、押し付けになって、やる気を削いでしまうなど、相手の主体性を損なうこともあります。

そのような負のインパクトを極力なくしたいとの思いから、本書で取り上げているフィードバックは、「問いかけ」のかたちをした「質問形式のフィードバック」が中心になっています。

質問形式のフィードバックであれば、相手に自ら考える機会を与え、主体的な行動を促すこともできるからです。

結局、フィードバックを受けても、相手が自ら変わろうと思って変わらなければ意味がありませんから、できるだけ「答えを与えないで考えさせる質問形式」のほうがいいのです。

では、「なんでも質問にすればいいのか？」というとそうではありません。

質問の使い方によっては、相手を追い詰めたり、傷付けたりすることもあります。

そのようなことにならないように、質問スキルに関する基本を十分に理解しておく必要があります。

ここでは、ぜひ押さえていただきたい「3つの基本」についてお伝えします。

【基本1】質問はフォーカスを変える

普段何気なく使っている「質問」ですが、質問には強力な影響力があります。

「もし、自分が死にそうになって助かる方法を考えるのに1時間あるとしたら、最初の55分は**適切な質問**を探すのに費やすだろう」（アルベルト・アインシュタイン）

アインシュタインの言葉は、質問というものが、どれほど強力な影響力をもっているかを教えてくれています。

質問の影響力は身近な事例でも確認できます。

たとえば、大事な話の途中であっても「今何時ですか？」と質問されたら、即座に手元の時計を見てしまうでしょう？

質問は、**一瞬でフォーカスを切り替えることができる**のです。

人間の脳は、空白を埋めたがる性質をもっており、質問は脳に空白を作るため、一瞬でフォーカス（意識の焦点）が切り替わるのです。

質問による「フォーカスの変換」は、応用範囲が広くまた非常に強力な効果を持っていることから、コーチング、カウンセリング、催眠療法などの分野では不可欠なコアスキルとなっています。

たとえば、なにか失敗したときに「なんて自分は愚かなんだろう?」と自分に質問したとすると「やっぱり自分は愚か者だ」というふうにネガティブな方向へ意識が向いていきます。

一方、「この失敗から学べることは何だろうか?」と自分に問いかけたとしたら、「改善点が見つかって成功確率がさらに上がる!」のようにポジティブな方向に意識が変化していきます。

同じ出来事が起きても、質問によって意識の方向が全く異なってしまうということです。

このように、質問には「意識の方向を変える」という基本的特性があることをよく理解しておくことが大事です。

【基本2】質問は質問する側の「意図次第」

たとえば、部下が何かの案件で失敗したとしましょう。

それに対して、もし上司が部下を懲らしめようと意図を持てば、「失敗するなんて、バカじゃないのか？」とか「どうしてくれるんだ？」と追い詰めるような質問をしたりすることでしょう。

反対に、部下を応援しようという意図を持てば、「この失敗を次にどう活かせる？」のような前向きで勇気を与えるような質問を投げかけたりするはずです。

この例をみてわかるように、質問する側の意図次第で、質問の質は良くも悪くもなるということです。

つまり、**質問の質を決めるのは、質問する側の意図です。**

部下の成長を願うのなら、部下を応援するという意図を持つことが何より大切なのです。

【基本3】質問力と傾聴力は比例する

質問力が高い人は、間違いなく「聞く力が高い人」です。

本書でもお伝えしたように、「聞く力」とは「相手を理解する力」であり、聞く力が高い人は、相手のことをよく理解できるからです。

相手を理解するには、「相手の話の内容を理解する」という言語レベルの理解と、「相手の感情を理解する」という非言語レベルの理解の2つがあります。

聞く力の高い人は、言語と非言語の両方を聞くことができるので、相手のことをより深く理解できるのです。

相手のことを深く理解できるということは、相手の話の内容をよく理解しているので、話の内容からズレたような質問はしません。部下が業務改善の話をしているのに、「業務改善って何だっけ？」のような間の抜けた質問は出てこようがありません。

また、相手の感情（気持ち）もよく理解しているので、相手の感情を逆撫でするような質問もしません。部下が初めて社内表彰を受けて喜んでいるときに、「その程度で喜んでるの？」と水を差すような質問はしないでしょう。

要するに、**「質問力と傾聴力は比例する」**のです。

質問力を高めるには、聞く力を高める必要があるということです。

質問に関するとても大切な基本事項なので、ぜひ覚えておきましょう。

おわりに

この本を書こうと思った最大の理由は、「部下の方も、上司の方も、全員が幸せに働けるようになってほしい」との願いからです。

私達はなにも不幸せになるために働いているのではありません。幸せになるために働いているはずなのです。

エン・ジャパンが２０１９年に行った調査によると、社員が転職や退職を考えるようになった本当の理由は、１位が「報酬をあげたい」（57%）で、２位が「上司と合わない」や「評価に納得できない」（48%）となっています。

さらに驚くべきは、転職後の満足度が低くなる傾向にある「本当の転職理由」の第１位は「上司と合わない」（42%）なのです。

この調査結果からは、上司と部下とのコミュニケーションが機能していない、さらにはフィードバックが適切でないことも、部下の転職や退職に影響していると言えるでしょう。

上司と部下のコミュニケーションや人間関係が改善されたら、どれだけお互いが幸せに楽しく働けるかと思うと、このような現状に悲しさを感じてしまいます。

プロコーチとして活動する中で、私が常に感じていることは、人が成長に向かって自ら行動するのは、「自分のことが理解され、大切にされている」と感じたときです。

「部下が思いどおり動いてくれない」とか「いくら教えても部下が育たない」などで悩んでいるリーダーがたくさんいますが、そんなときに大切なのは、的確に指示命令を下すことや、ロジカルに説明することではありません。

部下の成長を願いながら、部下が今どんな状況なのか、どんな気持ちでいるのか、傾聴し、理解することです。

「フィードバック」は、単なる「指導」や「改善指示」ではないのです。

本書でお伝えしてきたように、本質的なフィードバックを身につけると、部下が主体的に行動するようになる、部下との信頼関係が深まる、部下に仕事を任せられるようになる、部下のパフォーマンスが向上する、部下がリーダーとして活躍できるようになる、等々、多くの素晴らしい成果をもたらしてくれます。

また、上司であるあなた自身も部下育成に自信が持てるようになり、さらに活躍できる場が増えていくようになります。

「本質的なフィードバック」はどんなときでも、部下とあなたの成長を支え、お互いの関係をより豊かにしてくれるのです。

本書を手にとってくださった方々が、より豊かなワークライフを実現されるならば、著者としてこれ以上嬉しいことはありません。本書を通じてあなたと出会えたご縁に心から感謝いたします。

最後になりますが、編集者の林陽一さんには心から感謝致します。林さんが私の才能を引き出してくださったおかげで素晴らしい本を世に送り出すことができました。また、本書を出版してくださった大和書房の皆様にはこの場を借りて心から御礼申し上げます。

若くしてこの世を旅立たれた堀江信宏さんに感謝の気持ちをお伝えします。本書には堀江さんから学んだ数々の教えが引き継がれています。堀江さんは私のメンターでもありました。

そして、私をいつも応援してくれている「共感型コーチングビジネス講座」の受講生の皆さん、コーチングのクライアントの皆さん、元職場のＪＩＣＡや外務省などでお世話になった皆さん、友人の皆に心から感謝いたします。

最後に、最愛の妻と二人の息子、私と妻の両親、天国から私を見守ってくれている妹に愛と感謝の気持ちを伝えます。本当にいつもありがとう。

［主要参考文献］

・堀江信宏著『人生の悩みが消える自問力』（ダイヤモンド社、２０１７年）
・本間浩輔著『ヤフーの１ｏｎ１』（ダイヤモンド社、２０１７年）
・石井遼介著『心理的安全性のつくりかた』（日本能率協会マネジメントセンター、２０２０年）
・世古詞一著『対話型マネジャー　部下のポテンシャルを引き出す最強育成術』（日本能率協会マネジメントセンター、２０２０年）
・山本七平著『「空気」の研究（新装版）』（文藝春秋、２０１８年）
・江上隆夫著『THE VISION　あの企業が世界で急成長を遂げる理由』（朝日新聞出版、２０１９年）
・ダグラス・ストーン他著『ハーバード　あなたを成長させるフィードバックの授業』（東洋経済新報社、２０１６年）
・テレサ・アマビール他著『マネジャーの最も大切な仕事』（英治出版、２０１７年）
・エドガー・H・シャイン著『問いかける技術』（英治出版、２０１４年）
・エドガー・H・シャイン著『人を助けるとはどういうことか』（英治出版、２００９年）
・フレデリック・ラルー著『ティール組織』（英治出版、２０１８年）
・ジェリー・ポラス他著『ビジョナリー・ピープル』（英治出版、２００７年）
・ヘンリー・キムジーハウス、キャレン・キムジーハウス、フィル・サンダール共著、ＣＴＩジャパン訳『コーチング・バイブル第３版』（東洋経済新報社、２０１２年）

國武大紀（くにたけ・だいき）

エグゼクティブコーチ。株式会社Link of Generation代表取締役。1972年生まれ、滋賀県長浜市出身。

大学卒業後、第一勧業銀行（現みずほ銀行）に入行するも、努力しても認めてもらえない自分に失望し、わずか1年半で退職を決意。社会人として最初の挫折を味わう。自分の行き場を見失い、様々な職業を転々とするが、一念発起してJICA（国際協力機構）に就職。以後16年間にわたり、発展途上国の国際協力に従事。

世界40カ国以上を渡り歩き、計300件を超える発展途上国の組織開発やグローバル・リーダー人材の育成などで実績を上げる。その後、数々のノーベル賞受賞者や各国首脳等リーダーを輩出してきたLSE（ロンドン政治経済大学院）に留学し、組織心理学の修士号を取得。名古屋大学大学院（国際開発研究科）客員准教授として指導した経歴も有する組織心理学のプロフェッショナル。

また、JICA労働組合の執行委員長を歴任したのち、外交官（OECD日本政府代表部一等書記官）となり、日本政府の国際援助政策の政策立案や国際交渉の第一線で活躍。

現在は、エグゼクティブコーチングやコーチング起業支援などを行うほか、リーダーシップ開発や組織変革を専門とするコンサルタントとしても活躍している。

著書に『「聞く力」こそがリーダーの武器である』、『「聞く力」こそが最強の武器である』（以上、フォレスト出版）、『評価の基準-正しく評価される人が何気なくやっている小さな習慣-』（日本能率協会マネジメントセンター）がある。

公式ホームページ　https://coach-leaders.com/

公式FB　https://www.facebook.com/linkofgeneration/

その「ひと言《こと》」でチームが変《か》わる
最高《さいこう》のフィードバック

2021年12月30日　第1刷発行

著　者　　國武大紀
発行者　　佐藤 靖
発行所　　大和《だいわ》書房
　　　　　東京都文京区関口1-33-4
　　　　　電話03-3203-4511

ブックデザイン　三森健太＋永井里実（JUNGLE）

本文印刷　厚徳社
カバー印刷　歩プロセス
製本所　小泉製本

ISBN 978-4-479-79757-9

http://www.daiwashobo.co.jp/